紅沙龍

Try not to become a man of success but rather to become a man of value.
～Albert Einstein (1879 - 1955)

毋須做成功之士，寧做有價值的人。 —— 科學家　亞伯・愛因斯坦

別把鑽石當玻璃珠

——劉大偉的動畫獅子心

劉大偉 口述／鄭心媚 執筆

目錄 CONTENTS

快跑的未必能贏，力戰的未必得勝；
智慧的未必得糧食，明哲的未必得資財，靈巧的未必得喜悅；
所臨到眾人的，是在乎當時的機會。原來人也不知道自己的定期。

——聖經　傳道書九：十一－十二

從前從前……

Once upon a time…

有一個小小、小小的小男孩兒，
他的家是一個窄窄小池塘，
湖裡溫溫的、滑滑的，
即使光著身子不小心喝到水，也不會嗆著他；
隨著身體一日一日長大，這個家會跟著擴大，
小男孩兒醒著、睡了，玩手指、吐泡泡，舒舒服服孤單著。
他一點都沒想到，
在池塘十個月零七天後，來了一場大地震……

・第一幕・

頑石

咦，是十個月零七天嗎？還是差七天十個月？耶，好像才八個月……

唉，總之，反正，我，劉大偉，據說在出娘胎前，我的心臟停止了跳動，醫師老大用聽筒在媽媽的大肚皮上滑來滑去，就是聽不到小寶寶心跳。

這種情況持續了七天，七天之內，應該吃的藥，需要打的針都試過，唯獨那顆小心臟還是寂靜無聲……

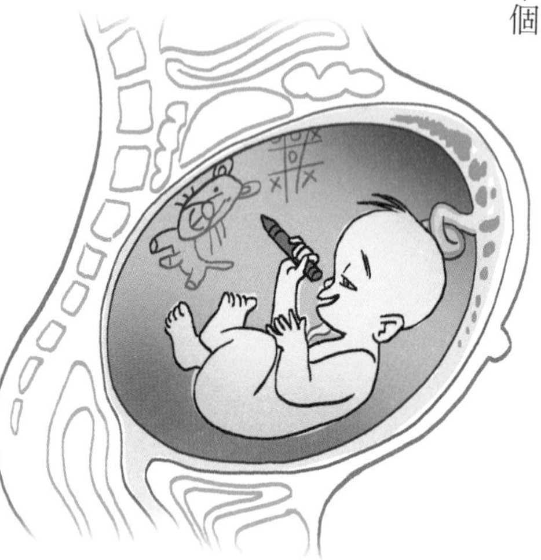

我現在有些記憶模糊了，可能當時我正在趁機會休息吧，因為未來的事實會證明，我出了媽媽的肚子後，從此一刻也不得安寧；所以我選擇整個休息，徹徹底底休息，連心臟也給它一起休息。但是，外頭不停灌進來各種口味很怪的水，弄得屋子裡挺擠的，我免不了還是有些緊張。

在持續七天無效救治後，醫師老大嚴肅、哀戚地給我爸媽打報告：「小孩，應該保不住了，要趕快開刀把死胎拿出來才行，不然拖下去連媽媽都會有危險。」

根據客觀歷史與主觀親友感情記載，我爸，是歷經抗日、國共內戰的大英雄，我媽，堪稱全台灣最硬頸的客家女孩，兩人遭遇再艱困的時刻，都可以咬牙撐過去。但是，一知道自己的小孩就這麼「無聲無息」走了，再堅強的鐵漢，也要流下淚來，兩人愈哭愈大聲。

地震耶！天搖地動！我嘆了口氣醒過來，我不休息了可以吧，我這輩子最完整的長假也就是這七天！好吧，上工了！

醫師老大取得爸媽同意，準備動手術，我的心臟撲通！撲通！竟然跳了起來，醫師老大兩眼發直，望著一應俱全的手術刀具，反正都得捱一刀，他決定劃開媽媽肚皮，把我捧了出來。

因為我連續七天的徹底休息，在醫學上好像叫「缺氧狀態」，醫師認為這個小孩兒會有腦損傷的狀態，又有藥物針劑的影響，身體可能也有缺損。

但是，我壞脾氣地哇哇大哭，還四肢俱全哭得宏亮，我那哭著的爹娘反而笑了，對原本不抱希望的父母來說，我是從鬼門關撿回來的兒子，本來以為非死即殘，沒想到除了愛哭以外，好像沒什麼問題。他們抱著嚎啕大哭的我，恍如抱著天上掉下來的禮物！

當然，人類歷史總是這麼教育我們，真相會隨著歲月而披露，我的父母終會發現，這個愛哭鬼小孩，問題可多了……。

早早告訴各位親親的可愛讀者，劉大偉我在台灣發育了十三個年頭，然後飄洋過海去了亞美麗加米國，接下來的十八年，不管跟黑人、白人，管他哪一種顏色的人混過來和過去的，過著美國籍台灣裔的日子，我都不曾回來台灣一次，實在是那十三年的經驗太深刻的緣故。

我是天然的感性豐富，延續出生時的天賦韻律，對組成「少年十三」的智育、家教、品味感等三件關鍵事物，皆報以「淚」的回饋，感謝爸爸媽媽鍥而不捨、用力投資的調教手段。

在進一步向各位描述這一段刻骨銘心、奠定我一生發展基礎的往事前，且容我先說明正字標記「劉麵包廠」的本家紀要。

蘋果麵包賣全台

老爸生為山東大地主家庭一員，童年優渥，不愁吃穿，也不用擔心未來要做些什麼，反正收租就對了。可惜，偏逢抗日戰爭，身為十九歲的熱血青年，老爸加入國民黨軍隊，到處征戰，打過共產黨，最後也跟著來了台灣。

老爸落腳在台中，因為跟駐台美軍接觸，學會做麵包的技巧，他看著老外愛吃的麵包，愈看愈歡喜，這不就是老鄉們愛吃的山東饅頭外國版嗎？於是老爸發揮創意，將他的鄉愁揉進麵包裡，發明了「蘋果麵包」，這個新點子東西合璧，不但老外愛，台灣人也喜歡，往後的四、五十年至今，「蘋果麵包」仍在生產銷售，但真正的古早味蘋果麵包只有在台中劉麵包廠買得到。

老爸開的「劉麵包廠」，一舉成名天下知，小小蘋果麵包風靡全台，幾乎所有雜貨店、學校、部隊、公家機構都買得到蘋果麵包，成為台灣人最喜愛的點心。

老爸的野心快速被養肥了，很多事情沒考慮清楚，工廠擴張太快，一下子就周轉不靈，欠下了幾百萬債務。當時一個麵包才賣一角多，這幾百萬的錢，可要賣多少麵包呀！

老爸跟老媽愁急了，也曾想，債多還不起，那乾脆逃掉好唄，可是看著一個個債主，這麼多人都有干係，老爸的山東耿性子一起來，跟債主說：「你們讓我好好做生意，一定把錢還清！」大夥兒還真答應！於是，老爸跟老媽開始了好些年的還債人生。

在那個物資缺乏的年代，便利商店還沒誕生，要吃到新鮮的麵包算奢侈，因為麵包店很少，與其讓客人來麵包店買麵包，不如用麵包車把新鮮麵包送到客人的門口，哇賽，絕頂聰明的主意，於是老媽自己開著車，在每天下午的放學時刻，到學校附近，拿著大聲公廣播：「劉麵包，劉麵包來囉！」後來發展成沿街叫賣。

那時台灣會開車的女性甚少，老媽不但自己開貨車，還一邊賣麵包，貨車叫賣模式，可說是劉麵包廠對台灣大城小鎮各社區的貢獻，各路人馬競相模仿，養家餬口不在話下，我的老媽堪稱女中豪傑，渾然不知有智慧財產權這碼事。

這樣的老媽配老爸，異常忙碌，就算在家，也要顧店、做麵包，幾乎沒有時間陪伴六個小孩。配合一樓門市、二樓工廠，三、四樓當宿舍與住家的活動模式，為了方便管理，對小孩跟員工一視同仁。

舉一個簡單例子。就像家裡的冰箱，六個小孩誰都不能隨便開，家裡有幫忙煮飯、打掃的阿姨，得先問過阿姨，才能開冰箱。就算好不容易打開裡面充滿食物的神奇冰箱，也不能隨意看到什麼就拿出來吃，所有的食物老媽都已經配給好了。如果今天家裡買了葡萄，媽媽會算好分量，每人當天可能有七顆葡萄的配給，誰都不能多吃或少拿。

爸媽對六個小孩採行軍事化管教，以防品行有誤，情操出軌，否則家法伺候，這是二十四小時做小生意的父母，愛護孩子的不得不。

基於「愛之深、學之勤、責之切」一定不會錯的認知，父母為我的成長學習，不惜成本，上學有老師教，回到家另有家教執行「加強」教誨。總的來說，我的日常生活有三大部分：上學、回家補習、彈鋼琴，穿插在其中的，是爸媽和老師針對我的學習活動成果，所給予的「具體」回應。

在學校上課，一堂過一堂、一天過一天，一張成績單換另一張成績單，有什麼趣味？不瞞各位，那一本本印得密密麻麻的課本，老師寫在黑板上，另一種密密麻麻的講解，對我來說只有一種印象：蚯蚓、黑色的蚯蚓、一條又一條數不清的黑色蚯蚓，最糟糕的是，這些蚯蚓還不會動，這有啥意思呢，你說是不是？

這些蚯蚓，如果是課堂窗外天上的雲彩，那該多好。所有上課、上班無聊的朋友們，如果你曾經有那麼一次專心凝視天上的雲彩，一定能了解我的樂此不疲；白花花的陽光，雲朵千變萬化，有鼻子、有眼睛，一張臉居然變成恐龍，又慢慢變成獅子，獅子的毛又變成好大一坨冰淇淋，冰淇淋變成一隻鳥，慢慢飛走了……。

小丑愛畫畫

認真想起來，課本對我還是有著一定程度的吸引力，大家都記得吧，新學期、新課本、多乾淨、多有空間哪！我在課本上的註記，向來受到同學熱烈搶著傳閱，我的技巧純熟、流程順暢：首先，不管課本裡的人男女老幼、聖賢忠奸，先給畫上眼鏡、帽子，再來給留著山羊鬍，尤其女生長著山羊鬍特逗的，刀疤也不錯，挺好發揮；做完臉上文章，服飾配件可是重頭項目，有無窮的可能創意，多興奮！

尤其有一種人物，望著他們永遠莊重的面孔，我屢屢忍不住心生景仰，把「國父」變成古代美女，「蔣公」長著落腮鬍，孔子周遊列國多辛苦，給他來一台跑車吧！配合老師上課的音調，我在課本每一頁角落畫小人，每頁稍微一點點不同，快速翻頁時，他就動起來了……。

我在課本上長期苦幹實幹，一直都很能獲得台上講課的杜老師「激賞」。他戴著又黑又厚的眼鏡、鼻子又紅又大，常常指著我的課本，興奮得噴出口水呼喊：「小丑！」叫我走到課堂最後面，站上整節課，好讓同班同學深重檢討，如何向我特別看齊。

因為杜老師特別的照顧，我的「小丑」名號在江湖中不脛而走，成了老師們心中的頭號搗蛋分子。上課的時候，只要我一不專心、往外偷看、邊看邊畫時，老師就會把粉筆頭丟過來，超準地彈到我的頭上，大罵：「看小丑又在畫什麼？拿來，給全班看！」

以我長期的觀察，我總覺得當老師的應該都參加過丟粉筆訓練，不然怎麼每個老師都這麼精準，想丟我，就絕對不會誤炸別的同學，一定穩穩地落在我頭上。

杜老師「特別」指導我，我也禮尚往來，下了課的黑

板上，我為杜老師特繪肖像，特徵神韻激似本人，一排小朋友撐傘擋住「杜老師」如雨杜般噴灑的口水。

這種畫贏得同學不可控制的高亢笑聲，顯然是傑作呢！他們笑得越大聲，我就畫得越勤快，杜老師的讚賞也越加得多了：杜老師用打板擦的藤條問候我的雙手，打完手心再打屁股，聲音與粉筆灰齊飛，四周白茫茫一片……，嗯，屁股還疼著呢，我又得去操場青蛙跳，訓練規格完全比照奧運賽要求。當然，在黑板上寫上兩百遍「我再也不畫老師醜相」，則是肯定要做的功課，寫到老天都看不下去的黑了。

其實，杜老師等諸位老師，都是得到我媽媽深刻請託的，他們來家裡買麵包，順便報告我的學習進度，或者爸媽親自登門拜訪，媽媽總是囑咐他們：「請多多『指導』劉大偉，儘管打、儘管罵！」於是我在學校被打，哭著回家被修理得更慘，學校家裡兩邊不討好；上課肚子餓吃東西被打、講方言被打、心不在焉被打、畫畫被打、忘了帶手帕衛生紙被打，拿

到成績單時會得到雙料打，因為老師打完了，爸媽看見成績單上的數字，絕對是不能忍耐地又來一頓打。

我討厭看寫滿字的書，也不喜歡寫字，我的作業幾乎都是用畫的，自以為用畫的可以過關，可是拿到學校後，又被老師取笑一番。全班六十五名同學，我常常考六十四名，後面的第六十五名是個智能有問題的小朋友，我跟他老是排在一起，久了老師、同學也把我當成低能兒。我費了不少心思和這位同學保持良好關係，讓他知道有我這位好朋友，否則他一個想不開轉學了，我豈不變成全班最後一名！

想想我花在課業學習的時間和金錢代價，爸媽不能理解只能又打又罵，實屬無奈之舉。他們抱持絕不妥協的精神，請來補習老師在家裡坐鎮。我在學校熬了一整天，回家面對一臉嚴肅的家教，對著課本聒聒不停地講，口水像飛彈噴得整個作業、課本都是，我根本沒有辦法專心，一逕地看著四處飛散的口水，想像自己是戰爭裡的勇士，四處閃躲流彈攻擊。

我不停地動來動去，補習老師實在不耐煩了，指著數學作業本問我：「到底有沒有在聽？聽懂了沒有？」我就哇！一聲哭了出來。老師不解的問：「怎麼了？為什麼哭？」我說：「聽不懂，統統聽不懂啦！」搞得老師非常無奈，最後也被我弄哭了。

我記得老師哭著跟老媽說：「劉大偉我實在教不下去，上課不用心，又情緒化，我真拿他沒轍。」

老師不教，我還有一個哥哥，四個姊姊可以教。人生而不平等，我因為生為老么，經常性的人微言輕，使我常問媽媽我幾時可以變成哥哥。哥哥大我七歲，我跟他還真不熟，他大學念數學系，光聽就叫人毛骨悚然！我這麼討厭數學，老天爺怎麼給我一個喜歡數學的哥哥呢？

但是，在這段學習低能的無望期，哥哥可能是唯一對我的繪畫能力有感覺的人。我曾經把畫在作業本的作品給哥哥看，問他覺得我畫得怎樣？哥哥翻了翻作業本，問我，你這個是從哪邊臨摹來的？我很驕傲的說，都是我自己畫的。

哥哥睜大眼睛：「那這是你什麼時間畫的？」

我：「上數學課時候畫的。」

哥哥：「……。」

很多年過去了，哥哥每當提起我「小時不了」的表現時，總要慨歎他當時的心情。他看到我已經展現出繪畫天分，卻不能誇讚，上數學課拿來畫畫，這是傳統教育所不容；要責備我嗎？畫得這麼好的孩子，怎麼去罵他呢？

「無言」是哥哥對我最好的應對。

功課熬不出個結果，好好培養品德總可以吧。深深被廣告詞煽動的爸媽，相信「學琴的孩子不會變壞」（這算哪門子亞洲理論？），希望家裡出個貝多芬或莫札特，即使還負債，老媽還是花了大錢買下昂貴的原木鋼琴，希望六個孩子好好在家學鋼琴。以經濟學眼光來看，老師來家裡連教六個孩子，也是極具效用的。

我說過，我是天然的感情豐富，被打，哭、被罵，哭、人家聲音大一點我也會哭，但凡讓我覺得悲傷的情況，我總是哭……。再一次套用我哥哥的形容，他說我每次哭著掉眼淚的情況，簡直是大豬小豬落浴盆……，不是，他很有學問，他說的是「大珠小珠落玉盤」。

在黑鍵與白鍵之間，音符流瀉而出，跌宕高低起伏，聲聲描述人生的喜樂悲歡……。

誰說的！這一定是大人用來懲罰不乖小孩的發明！每天過日子都要用體力來消耗的嘛，極端消耗就極端快樂，怎麼會是用雙手在鍵盤上移動呢？

所以我常常在彈琴的當下，就忍不住落淚；彈琴又枯燥又痛苦，練久了手指

發麻、手臂痠痛，跟在學校被老師打手心沒兩樣。你可以想像我那眼淚一大滴一大滴掉落在鍵盤上的聲音嗎？那樣絕對的淒美！老師都被我搞得全然感動，這小孩這麼有感情，老師欣喜若狂，更加賣力輔導，我每每就要被老師用棍子打手指，他求好心切，我，悲從中來，哭得更加悽慘。

這一唱一和，失之毫釐，差之千里，竟然搞了十年！對我來說，除了看見鍵盤就要哭以外，我坦然承認對彈琴一概不懂。一直到現在，聽見初學者用雀躍心情彈出新生般的旋律，我都得憋住性子，忍住不去罵人。有時聽見隔壁學琴小孩用力彈著五音不全的調子，真是折磨人啊！我不免懷念起以前的鋼琴老師，多虧他充滿了愛心，在我殘破不堪的旋律刺激下，還可以面帶微笑說：「這次進步很大，再練習一次。」一同時嚴厲地用棍子鞭策我。

「功課做完沒？鋼琴練好沒？」是我和老爸老媽的日常對話，在棍棒皮帶與眼淚齊飛的生活裡，我有自己的私密情事。

某天下午，忙碌的老媽終於比較清閒，在麵包店裡看店，一邊跟客人聊天。我坐在店裡，看著媽媽，心想：「這麼厲害、偉大的媽媽，我一定要對她表達我的愛！」可是我什麼都不會，考試老是倒數第二名，她最想要我學好鋼琴，我再怎麼彈也學不好，怎樣才能討她開心，讓她知道我愛她呢？

我趴在桌上，看著跟客人滔滔不絕聊天的老媽，啊！我很會畫畫啊！我來畫一張媽媽的畫像好了，把我最好的一面表現給媽媽看。

我拿出鉛筆跟圖畫紙，一邊觀察媽媽，一邊開始做畫，一想到媽媽待會兒可能會高興地摸摸我的頭誇獎，我就不由自主偷笑起來。好不容易，終於畫好了，我在圖畫紙的角角寫上「我的媽媽」，還自以為厲害簽了名，開心拿著圖畫紙走到媽媽面前，送給媽媽。

媽媽嚇了一跳，看了畫後，輕輕微笑跟我說「謝謝」，就把畫收起來，繼續跟客人聊天。我有點失望，媽媽沒有摸我的頭，也沒有讚美我。

隔天早上，我要出門上課時，發現那張畫被捲起來，丟在垃圾桶裡。原來媽媽並不喜歡，即使我這麼用心畫，她還是覺得是垃圾，在她心裡，念書第一名、鋼琴彈得好，才是送給她的好禮物，會畫畫一點用處也沒有。

老師不欣賞、媽媽不喜歡，而我唯一能開心的時刻，只有畫畫，每天晚上上床後，在這個只有自己的時光裡，我拚命畫畫，果然只是個笨小孩。

哭哭啼啼的笨小孩，其實很好動，只要有一件事，能夠消耗精力，又能發揮想像力，就能讓我安定下來。只是我會做的事，總是叫別人不太能接受。比如我喜歡觀察，尤其是小動物。

「蛆」級運動會

我那個年代，學校廁所當然有定期打掃，但因設備簡陋，濕漉漉的紅地磚上有時會有白色的蛆蠕動。我歡喜發現了蛆的世界井然有序、驚奇連連。蛆總是向上爬行，足可媲美看魚兒逆流而上；蛆爬行的路線總是連結紅磚的粗糙水泥縫，從不走在光滑的紅磚上，顯然有特殊個性；兩方蛆會時，自有一方停住讓另一方先行，不會撞車，既無交通號誌，也不用警察指揮酒測，眾蛆井然有序爬往高處，真是令人深深佩服。

在幼稚園裡，每天中午吃完飯，規定小朋友得趴在桌上睡上一小時。睡覺！這算件事嗎各位？一小時！任由生命虛耗，時間空轉，就不是我劉大偉的風格。

我在午睡前到廁所挑了幾條健壯的蛆，小心翼翼放在胸前口袋裡，趴在桌上開始午睡時，悄悄從口袋裡把蛆給抓出來放在桌面（請注意，實體桌面，不是電腦桌面），一隻手圈著，頭趴在那隻手上面，另隻手給操縱這幾隻蛆。我讓這幾隻蛆來個運動

會，百米賽跑，看看哪隻蛆跑得最快，我臉頰貼近桌面，當然也貼近蛆，這樣剛好能夠仔細觀賞這精彩的運動會。

當那幾隻蛆奮力扭動身軀往前爬行，終點就在前方，三號蛆用盡全身力氣先將身子壓縮，然後奮力往前彈跳，剎那間它的鼻頭碰觸到終點線，後來居上，勇奪冠軍！

如雷的掌聲響起，觀眾都起立致敬，真是一場精彩絕倫的競賽，頒獎，奏樂，升旗……。

我把那幾隻蛆調整方向、順序，比賽重新開始……。

以上這一切都在我小小手臂範圍內、在臉頰幾乎貼近桌面的空間中發生，雖然運動空間狹小，但精彩刺激的程度，難以言喻，只差沒有把隔壁小朋友給搖醒一起參與我的喜悅。

我在埔里外婆家，跟著表哥抓蛇、弄青蛙，舅舅養了馬、驢子、烏龜、鳥、猴子，我看著牠們的眼神，想像牠們互相說些什麼，腦袋裡想什麼；你知道蛇怎麼用肚子走路嗎？怎麼吃東西？猴子的肢體、動作、眼光與人近似，但很難預期牠下一刻的動作。猴子前一分鐘和你卿卿我我的，下一分鐘卻馬上翻臉、齜牙咧嘴，有時可愛乖巧，但攻擊性又強。我捉弄螳螂、蚱蜢，為了測試蝸牛對各種液體的反應，鹽巴、漂白水、洗衣粉齊上，我所發現的種種蝸牛慘狀，如果發生在現在，可能會被大人加小孩兒在網路世界裡人肉搜索，進而損害我父母三代的家教名譽。

八〇年代，是台海關係動盪的年代，我父母的交遊圈子，一直流傳台灣不保的流言，他們心焦不已，終於在我國二時辦好了美國移民。

我一心期待著，也單純以為終於可以擺脫台灣討厭的功課，再也不會有爸媽的棍子跟皮帶，就要走向快樂天堂。學校裡幾個比較要好的朋友，想來想去發現劉大偉喜歡動物，約了我到水族館去，我盯上一隻小烏龜不肯走，於是他們湊錢買下小烏龜，作為臨別禮物。

同學的心意讓我感動，雖然爸媽恐嚇我，帶著烏龜到美國會被抓走，我還是偷偷把烏龜塞進口袋，上了飛機。在飛機上，我還趁別人不注意時，悄悄餵烏龜喝水，不聲不響就到了美國海關。

隨著人潮一步步往前走，關員仔細檢查每個人的口袋跟行李，我原本很開心「有龜相隨」，一下子冒出一身冷汗，實在沒辦法，心一橫，就把烏龜塞進嘴巴，站到關員面前。我跟英文一向不太熟，當然不知道他們說什麼，只能一個勁閉緊嘴巴搖搖頭，關員翻翻我的口袋、行李，發現沒有異狀，就這麼讓我

安全過關！

一出關，我馬上把小烏龜吐出來，牠還活得好好的！我這個十三歲的小朋友，就這樣不知死活順利偷渡烏龜到了美國。

哈利路亞，美麗的國家，我終於要在這裡展開另一段生活。

1969年全家福照，攝於台中，坐在媽媽懷中的就是我。

1976年，劉麵包叫賣專車，有圖為證。

1975年，Davy七歲時已經開始學習英文。唉，事實證明，「早學習早開始」，實在因人而異。

1981年，遇上我當時的偶像，喜劇演員方正。這張照片是我到美國前在台灣拍的最後一張照片。

・第二幕・

咦，有一點光！

咳、咳，我前面是說移民到美國吧？嗯，沒錯，我是這麼想的，至少在我第一天進美國新學校上課之前是這麼想的。

英文，不蓋大家，我七歲就開始學英文，hello，how are you，fine thank you，good bye……我懂這些，其他應該不是問題吧……，抱著美好的心情和美麗的期待，我走進了學校；然後，接著，我只想衝回家問爸媽，到底帶著我們移民到哪個國家？

我新就讀的學校，全校都是黑人，黑到除了牙齒和眼球之外，全部都是黑的！我所期待的芭比娃娃，全部變成黑人牙膏上的頭像，我，是唯一一個亞洲人！住在佛羅里達州的黑人區邊，學區剛好劃在一起，爸媽初來乍到，東西南北也搞不清，我就迷迷糊糊進入滿是黑人的學校。

因為每個人的頭髮都大大厚厚地捲起來，頂在後腦勺有一大塊，有人會在頭髮裡面插梳子、放錢，整個頭就是個大口袋，非常具有視覺喜感。他們看我更是奇怪，因為那個黑人區，只有少數零星華裔跟越南人，突然來了一個瘦小又聽不懂英文的華人，他們喜歡逗著我玩。

每次走在教室走廊，就有黑人同學在後面叫我的中文名字「清河」，因為不知道意思，也不會正確的發音，老是「鏗鏘！鏗鏘！」的叫，還有人故意用唱的，聽起來還挺像廟會音樂。後來，為了避免這種不斷被取笑的尷尬，我開始堅持大家叫我英文名字「Davy」，什麼鏗鏘，鏗鏘的，乾脆打鈸不更好。

隨著在學校日久，各種有創意的取笑、欺負活動也陸續上演。我沿襲家裡的教養，一定要拿碗就口，如果不這樣，我媽就會拿筷子打手臂。在學校吃午餐，我也養成習慣，把美國自助餐那種大大的餐盤整個拿起來吃，黑人同學簡直笑翻了。後來我才發現，這種大餐盤，美國人都是像狗一樣低頭吃飯。

黑人同學看我呆呆笨笨，跑來跟我說：「嘿！你知道在美國我們都是怎麼打招呼的？」我搖搖頭：「不就是hi或hello嗎？」有個看起來比較好心的同學教我：「你把中指比出來。這個代表我們跟對方問好，非常尊敬對方。」

我跟著比出中指，校長正從前面走過，他們說：「快啊！去跟校長打招呼，他如果知道你這麼快學會美國文化，應該很開心。」

他們推著我往校長方向走去，我點點頭，跑到校長前面，開心對他比中指，校長立馬漲紅臉，黑白分明的眼珠瞪成牛眼，將我拖到校長室。在我驚恐的身後，那群黑人同學爆出笑聲。校長拿出板球棍子，要我趴下來，不停抽打我的屁股，打得我屁股跟他的臉一樣紅。從那以後，校長看到我，就沒有好臉色。

啊！我的內褲！

我能說什麼？台灣的小丑，到了美國還是出糗。運動短褲事件更是經典案例。我上有四個姊姊，加上媽媽克勤克儉，我總是穿姊姊們穿過的衣服，演變到後來，數量最多的就是內褲。

有花邊的、粉紅色三角內褲，就是我在台灣上體育課穿的短褲。我本就天生懵懂，學校既不追究，也不會有人來勸我，只是覺得為什麼其他人都穿著難看的素色短褲，只有我的褲子最花俏。你看看同學們羨慕的眼光，多風光！

但是在美國一定得穿運動褲，老師還特別寫在家長聯絡簿上，叫我一定要給家長看。老媽因此特別帶我到賣場買運動褲，這下子我終於可以有正式的運動褲了，我跟著老媽，這個賣場逛到那個賣場，試穿多樣產品，老媽謹慎錢不離手，貨比三家不吃虧，當然得多逛逛、看看，才能買到最划算的褲子。

果真，老媽發現，同樣的運動褲，在不同賣場的價差非常大，有三倍之多，老媽開心挑了那件最便宜的四角運動褲給我。我也嚴肅做了確認，確實是四角褲而不是以前常穿的三角褲，因為我隨時會再長高，媽媽買了七歲到七十歲都能穿的鬆緊帶款，且這褲頭竟然可以拉到胸部，美國商品真奇妙。

隔天，體育課鐘聲才響起，幾個黑人同學已經在球場打籃球，他們看到我慢慢走過去，大聲叫我：「鏗鏘！要不要打？」我搖搖頭，我根本不會打籃球，台灣的體育課，大多都變成數學課，哪裡有打籃球的機會？

他們看我一動也不動，也不加入，一群人便走過來圍在我旁邊，開始取笑我不會運動，有的人還動手推我。被一群黑人團團圍住多可怕，我又不敢動，怕被打得更慘。這時候，一個嘴唇厚厚，長得很像猩猩的黑人女生走過來，指著我的運動褲：「這什麼？這是內褲啊！」她大叫，其他人往我的褲子一看，也大笑起來。

我根本聽不懂，只是跟著傻笑，這個黑人女生一把將我的體育褲往下拉，我的褲子被扯掉了。我嚇了一大跳，血液衝腦、天旋地轉，拉住褲子快溜，背後還聽到大笑聲不停傳來。

事後，校長把爸媽叫到學校，要求爸媽要給我買正常的運動短褲，這前頭有開口的是內褲，不管你要穿幾件，內褲就是內褲！

之後，每次上體育課，我就變成黑人同學的沙包，大家常常無緣無故一腳踢過來，嚷著說：「李小龍，功夫！功夫！」不停作弄我、推我，現在想起來真是殘忍。

被打得鼻青臉腫，回家也不敢講，不用想也知道，爸媽一定會說：「都是你的

錯！」然後再打我一頓。我學聰明了，我要想辦法讓自己在學校活下來。

既然大家叫我李小龍，找我比武功，那我就變成真的李小龍好了！看了很多部李小龍的電影後，我請老爸買了雙節棍，隨身帶著。平常打扮、走路，也學李小龍的樣子，美國人看華人反正都一個樣。

有次我整副李小龍裝扮，走在校園裡，迎面而來一個黑幫老大，他凶神惡煞瞪著我：「你的皮帶什麼顏色？」我滿頭霧水，只聽得懂「color」跟「belt」，心裡想：「好吧！Apple is red……那，我的皮帶，那就是black！」

黑幫大哥一聽「black」眼睛發亮，露出崇拜笑容，我覺得奇怪，難道他覺得我跟他一樣都是黑色，所以對我特別好嗎？「How many degree is your black belt?」我暗自數了數，腰上的皮帶共有八個洞，就回他，八！黑人大哥嚇了一跳，趕緊伸出手，不停握著說：「沒想到你武功這麼高強，居然是八段黑帶高手！」

從此以後，黑人大哥對我甚為

尊敬，常常纏著我教他功夫，還要跟隨的小弟同表恭敬，我在黑人學校開始走路有風，常常學著電影隨便比劃兩下，黑幫大哥就驚訝地張大眼睛，把我奉為師父。

有次午餐時間，有個黑人跑來挑釁，他一把拉走我的餐盤：「你如果真的是李小龍，應該很會飛跳才對？」我瞪著他，好勝心戰勝一切，不想再被人當作孬種，於是用盡所有的力氣，努力往天花板跳上去，想要抓住上面的桿子，一時失手，整個人跌了下來，手關節脫臼，整隻手像斷了線一樣，掛在旁邊晃啊晃的。

大家看了都嚇死了，不停大叫，以為我手斷了，我痛到不行，也不知道哪裡來的靈感，我抓著手臂，自己用力往前推，整個手肘發出卡！卡！響聲，痛到眼淚都快流下來了，卻發現手接好了！我轉動手臂，果真沒事。

一旁的黑人同學嚇呆了，七嘴八舌說：「這傢伙不只會功夫，還有很恐怖的內功啊！連手斷了，還可以自己修好。」往後大家對我更尊敬，也不太隨便欺負我了。

我這個黃種小朋友在黑人學校想辦法生存的經歷，其實非常痛苦，現在回想起來，如果老爸、老媽沒這樣殘忍把我丟進去，我可能沒這麼快融入美國文化，現在也無法橫跨在不同的文化裡。

有時候我感覺，是上帝拉著我的手，帶著我創作，在父母管不到的空間，就是上帝在作工。

在畫畫課裡遇到美術老師，真正讓我得到自信，就是上帝對我劉大偉人生的美好作工。貴人，指的就是我的美術老師這種人。

第一次上畫畫課，來自希臘的凱斯老師，看到我的畫，說我很有「talent」，我的破英文，根本聽不懂，只知道「good」跟「bad」，滿頭的問號，以為老師在罵我。

回家後趕緊查字典，才發現原來「talent」是天才、天分的意思。哇！我開心死了，這還是我第一次得到長輩讚美。

在台灣我雖然喜歡畫畫，學校的壁報比賽、美術比賽，根本輪不到我，老師喜歡畫得像、工整的畫，我的畫歪七扭八，老師根本看不上眼。

經過幾堂課，凱斯老師發現我有潛力，我也老實告訴老師，家長並不認為我能靠畫畫吃飯，我對未來也很茫然。老師聽到後，專程到家裡和爸媽懇談，希望父母能全力培養我的天分，支持我走這條路。

老師的認可和支持，是我專心繪畫的大轉捩點。同樣在十三歲時來到美國，老師也了解我在學校的處境，她告訴我，無論何時，我都可以進她的辦公室，所以每逢被同學欺負或追打，我就一頭鑽進老師辦公室埋頭畫畫。

之後的幾個月，老師每次上課都給我很多功課，拿一些名畫要我臨摹，我自己覺得臨摹得很難看，可是老師卻認為我畫得很好，她老是跟說我：「You can do it.」老師這些指導方式，讓我有很大進步。在認識她以前，我只是喜歡畫畫的小孩，不管剛剛被罵、被打，進入畫畫的世界，我就什麼都能忘，那是我情緒唯一的出口。

尤其剛到美國，英文不好的我，什麼都聽不懂，數學課、歷史課、地理課，對我來說，全部都是鴨子聽雷的英文課。放學後，跟著老媽、老爸到教會，別的華人小孩，成績都是ＡＡ，只有我是ＦＦ，老媽一講到我只有搖頭歎息，有時候還會言詞閃爍，要我別出聲，簡直就是家族的恥辱。

這樣一無是處的我，拿起畫筆，居然可以成為被人家看重的人。即使一開始我真的畫得不怎麼樣，可是一想到老師對我的期望，我就不能讓她失望。於是回家拚命畫，每天花很多時間畫畫，我也很少出門玩，反正剛去美國也沒有什麼朋友，就是躲在房間裡，不停畫畫。

慢慢地，我的畫愈來愈好，老師給的功課也就愈來愈難，要我畫的東西都跟全班不一樣。有一次，老師要求我畫一個動物，但要用抽象的方式表現。譬如畫一根大白菜，可以用橘子堆砌出白菜的樣子。

我有些興奮，腦海裡跑出一條龍。

老師先畫了一個抽象的東西給我看，那是用不同物品組合起來的畫面，有水果、鉛筆等，拼湊起來，就是一幅美麗的畫。老師要我用類似概念創作，能不能用不同的東西組合起來，變成一個特別的東西。

我看到一幅古代的畫，是用水果拼湊起來的人臉，非常有趣，近看你會以為是水果靜物畫，往後退幾步看，卻發現是一張臉。

這幅畫給我很大靈感，我想到東方巨龍輝煌且滄桑的樣子，到底用什麼來表現這條龍呢？我想到美國各式各樣的建築，有高樓大廈、有歐洲古建築，都非常漂亮，都是我在台灣沒看過的。

於是，我決定，讓龍跟西方建築，融合起來，變成一幅畫。

構思好後，我著手繪畫。整個人分分秒秒都在思考如何構圖？怎麼上色？每天回家就衝進房間，至少兩個小時以上專心畫畫，好像世界只剩下我的龍與畫筆。

華府白宮、埃及金字塔、法國巴黎鐵塔，龍有無數鱗片，我將這些建築畫成細膩的鱗片。

老媽覺得不可思議，一向好動愛玩的劉大偉，怎麼變得這麼自閉，每天關在房間裡畫畫。老媽不知道，在我沒有興趣的狀況下，越逼我，我只會越討厭。畫畫不同，我發自內心喜歡畫，自卑感得到解脫，我看到了人生定位。

這樣的領悟與投入，一個月後，我終於完成了第一幅大作品，拿到學校交給老師。老師驚訝得說不出話來，她說，這是她教過畫得最好的學生。我開心極了，能夠得到老師讚美，所有的努力都有了回報。

當時根本沒想到，這幅畫就是打開我人生道路的那把鑰匙。

老師將那幅畫拿去參加比賽，結果入選一九八三年，全美最大的中學繪畫競賽前二十名。

我根本不知道這個比賽有什麼了不起，一心想，連我都可以得，那隔壁鄰居應該都有吧？後來，我接到美國總統寫來的信，恭賀我得到大獎，這才驚覺原來真是個了不起的比賽。

更酷的還在後頭。美國社會非常重視這種比賽，這個獎不把獎金頒給學生，而是設立一筆豐厚的獎學金，給我就讀的黑人學校，用來設置專門的美術教室、課程等。我贏得這個獎項後，這個黑人學校因此被認為是培育美術傑出人才的學校。

原本我的學校在美國算

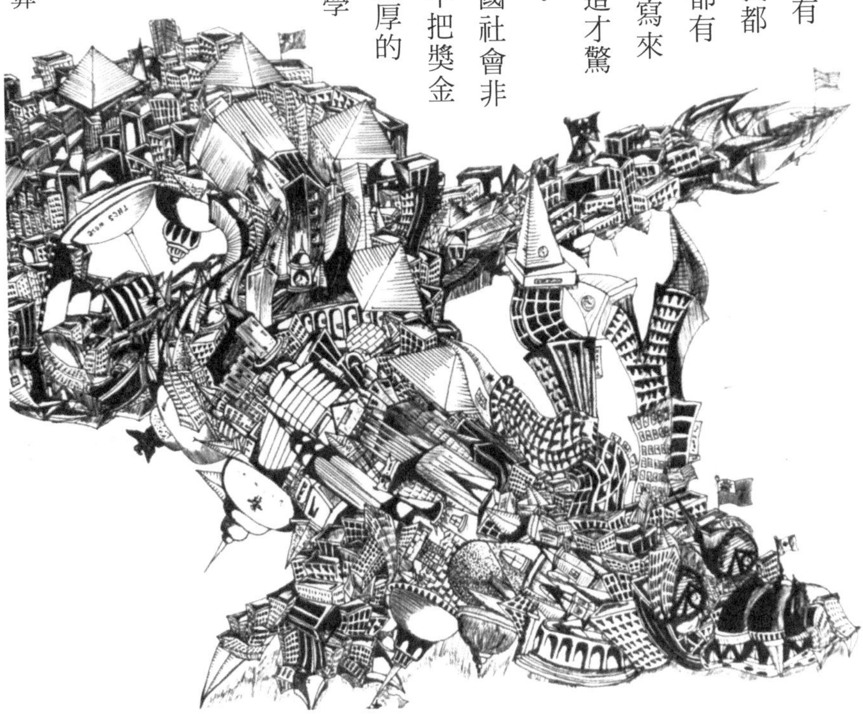

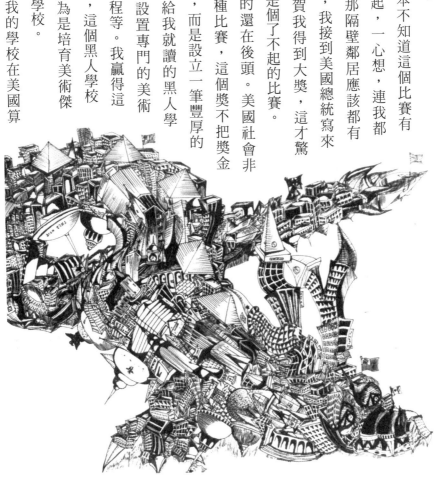

是非常邊緣的學校，很少受到教育單位關注，一向被視為黑幫學校。現在因為我，搖身變成美術傑出學校，校長開心極了，每次看到我，眼神都充滿了感謝。

在學校裡，本來我只是假裝會打架，虛張聲勢的李小龍，現在居然變成畫畫天才。原本有個欺負我最兇的同學Eddie，現在看到我，態度大轉變，上畫畫課時，老是擠在我旁邊坐，希望我可以教他一些，考試的時候，還會偷偷幫我作弊。

有次考英文，大家知道我英文很爛，拿走考卷，輪流交換幫忙寫，再傳回我桌上，我因此勉強過關。我這才發現，畫畫不只讓我找到自信，也贏得朋友，很多敵人都成為好朋友。

尤其是Eddie，常常找我去他家玩，我記得一個人走了好遠的路，到他家去拜訪。那是我第一次踏進黑人家庭，非常有趣，他們家人一見到我，都很開心招待我，說我是Eddie最好的朋友，他媽媽很感動地說：「謝謝你教Eddie畫畫，除了打架，Eddie最喜歡的就是畫圖，你讓他找到打架之外的同伴。」

代表畢業生演講

只是這些成就，回到家裡，還是不被老媽認同。老媽認為，畫畫不能當飯吃，我很會畫又怎樣？將來還不是要餓肚子，不如努力念書，拿個文憑，以後才好找工作。好好練鋼琴，才不會變壞。

於是，老媽在美國依舊找了鋼琴老師，每天逼我彈鋼琴，我的畫畫才華，在她看來一無是處。還好我是真的不會念書，只有畫畫可以依靠，老媽也對我沒轍。但那也不是我老媽的錯，而是整個華人社會的觀念問題，不管把小孩放在哪個環境裡，華人還是抱持著填鴨式教育的想法。所以我看到很多到了美國的華人家庭，依舊不停找老師給小孩補習、練習才藝，對待小孩的教育方式，並沒有因為美國開放、自由的學習環境，而有所不同。

我的成績一直是FF，到了畢業，卻獲選為畢業生代表上台演講！我是那個考試吊車尾，什麼都不會，所有的錯都是劉大偉的錯的劉大偉耶！老師跟校長一定搞錯了，何況我英文爛到不行，連講話都有困難，怎麼面對這麼多人講話。

校長說，這個黑人學校成立將近一百年，從來沒得到任何全美獎項，他在教育界，可以遇到我這樣的天才兒童，是他畢生最大成就，而且因為我，學校裡很多對美術有興趣學生，才能有更好的培育環境，所以希望我能上台代表發言。

畢業當天，我走上講台，看著台下兩千多個黑人同學，有人對我比出加油手勢，有人對我眨眼鼓勵。誰可以想像一年多前，我剛轉來這個學校，是被大家排擠、唾棄、欺負的華人小孩呢！演講結束後，兩千多人全部站起來拍手，不停喊著「李小龍！李小龍！」我從一個黃種醜小鴨，成了美國學校的黑人英雄。

典禮結束，校長請我離開之前幫學校畫一些畫，我在校長室的走廊，體育館內，畫了不少畫。二〇〇一年學校一百週年慶，請了四位傑出校友回去演講，一個醫生、一個外太空人、一個演員，還有一個就是我。

再度踏入校長室，我看到當年的畫畫獎杯還在，當時畫的畫，也還留在校園各處牆上。透過繪畫，我這顆功課上吊車尾的頑石，好像散發出了不屬於石頭的一點點光芒。

裸體總動員

風光從黑人學校畢業，我進入高中，又是另外一個截然不同的世界，這是白人學校，很少看到其他人種的面孔，黑人只有零星幾個，而我當然又成為少數的黃皮膚華人。

剛進去學校，大家都用異樣眼光看我，因為我長得是黃種人面孔，說得卻是標準黑人英語，就連走路的樣子、跳的霹靂舞、聽的音樂，完全都是黑人模樣，根本就是怪咖。

又開始有人跑來問我「會不會功夫？」我發現，一切又得重新開始，我又變回山寨李小龍，得再拿李小龍的殼保護自己。可是現在，我已經沒那麼害怕、恐慌了，因為我有了明確的目標，那就是我一定要畫畫，不管怎麼樣，只要握著畫筆，我就是個不一樣的劉大偉。

學校的課程我一樣完全聽不懂，又沒有朋友，再度躲回畫畫世界裡，每天下課我都躲到圖書館，將所有古典美術的書借出來，一本本照著臨摹。

我迷上了米開朗基羅的畫與雕像，他把人體的肌肉線條表現得非常漂亮。聖經裡面說：「人是照著上帝的形象造的。」你看看米開朗基羅的畫，上帝是多優美的藝術家，有無限的創意。人體的線條、弧度這麼漂亮，手指、手臂、腳都能彎曲，每個動作，都能看見流暢優美的線條。我對人體著迷得不得了。

那時候剛開始流行蘋果電腦，幾乎每個小孩都用電腦打遊戲，可是我完全提不起興趣。對我來說，歐洲油畫、古典畫，有著無限魅力，我恨不得把圖書館裡的畫冊都看透了。

所有米開朗基羅的作品，我幾乎都一遍遍跟著畫過，不停吸收，甚至開始對健身有興趣，我想知道能不能跟藝術作品裡的人一樣，擁有健美的肌肉線條？我一邊健身，一邊觀察自己的身體，還常常脫光衣服，把自己裸體的樣子拍照下來，畫自己的裸照。

房間裡，貼滿了各式古典裸體畫，有鉛筆的、水彩的，從來沒有受過美術訓練的我，現在回想起來，那些美術素描基礎，應該就是這樣打下來的。我用自學的方式，一步步讓自己的繪畫技巧更加精進。

我老媽可不這樣認為，打開我的房門，她看到滿牆裸體畫，嚇得要死，覺得我神經不正常，每天都在畫色情圖片，甚至還自己盯著自己的裸體看，不准我繼續畫。

可是，上帝造我時，就沒穿衣服呀！對我來說，米開朗基羅那種結合歷史文化的創作，實在非常吸引我。只要專注在人體素描練習上，不管功課、朋友、家人好壞，只要有畫畫相伴，我就覺得開心，日子也就不這麼難過。

這個學校的美術課都在剪星星、塗顏色，根本就是幼稚園勞作課，我覺得很失望。參加了畢業紀念冊設計團隊後，認識很多跟我一樣喜歡畫畫的同學，大家談起來，都覺得美術課實在無趣。我當時就想，既然學校沒有適合的藝術環境，不如我們自己創造？

一開始有五、六個同學跟我一起，組織了繪畫社，後來其他同學陸續加入，我就成了帶領十幾個同學的繪畫社長。我們互相介紹畫家、畫冊，一起開車到博物館看畫展、雕塑，帶著素描本跟鉛筆到博物館寫生。後來的畢業紀念冊，我把全校老師畫成一張好大的卡通畫，非常精緻，當時拿出來，全校師生都覺得驚艷。

在學校裡我就是個藝術家，有些特立獨行，不太喜歡上課，每天就是畫畫，大家反而有些崇拜我。

一九八五年，我十六歲，我自己想要創作，當時想到中國的水墨畫，覺得線條非常優美，很有意境，跟米開朗基羅寫實線條完全不同，也許結合這兩種畫風，可以創造出有趣作品來。

於是我將米開朗基羅的畫結合水彩與水墨，用黑點圖片組合出新的作品出來，對我來說這是個新鮮的突破，將我繪畫的層次，帶到另一個高點。拿到藝術社團的時候，同學們都覺得很驚艷，鼓勵我拿去參加比賽。我自己去問老師：「有沒有高中級的比賽？」老師才告訴我，有一個美國巡迴展大賽，我便自己報名，將作品交上去。

這次又入圍全美巡迴大展，讓我更加確定不管未來如何，我就是要一直畫畫。

不想念大學

走出懵懂的青少年時期，我進入大學，對於自己、對於未來，仍舊不是那麼清楚。我以為畫畫的未來，就是當個浪漫藝術家，或者實際的建築師。

帶著這些迷惑以及全美藝術獎項的加持，我順利申請到在亞特蘭大的喬亞藝術學院，學校還提供給我全額獎學金。學校主要教導抽象畫，我想，做個浪漫藝術家也不錯。

藝術大學的學生跟我在台灣的藝術學院看到的學生一樣，奇裝異服，每個人看起來都像瑪丹娜或是女神卡卡。

剛入學，我害羞、安靜，看到大家踴躍舉手發言，我覺得很恐怖，常常想要躲起來，只要不被發現就好。

但是到了第二年，改變最大的就是我劉大偉，我不僅常常站起來發言，還搶著質疑老師，跟老師辯論，根本就是個問題學生，叛逆到老師都非常討厭我。主要因為我對藝術的困惑，隨著學習越來越大。

我常常問老師：「什麼是藝術？」發現自己的作品越來越奇怪，老畫一些沒人看得懂的東西，然後再寫一大堆shit來解釋這幅畫。我花了一堆時間寫論文，不是在畫畫，難道這就是藝術？會寫論文就是藝術家？

我不只質問，還實際操作給老師看！我拿了相機，拍下垃圾桶裡亂七八糟

的東西，然後將照片放大。我拿這張照片問老師：「這樣就是藝術嗎？」

沒有人給我答案。我學得非常痛苦，再這樣繼續下去，我的熱情終會消失。左思右想，與其在這裡學習我不認同的藝術，不如回家自己畫畫，不斷鍛鍊繪畫技巧。況且，我要當個藝術家，不是建築師、律師、醫生，沒有文憑也沒關係，對藝術家來說，真正重要的是藝術創作，並不是那一張紙啊！

思考了好久，大學一年級結束的暑假，我決定不要念大學了！

這個看似叛逆的決定，其實才是對我自己人生負責的決定。既然沒人能告訴我為什麼要學這些？我就得自己去找答案！我努力去挖掘自己內在的想法，想搞懂「劉大偉」這個人要的是什麼？可以做到什麼？我拚了命依照自己的能力，往讓自己更好的地方前進。

當時年輕的我，也許不很清楚自己的想望，可是現在回頭看，無法對那樣的困惑置之不理，就是給我自己成長的最好禮物。

那是我決定對自己人生負責的第一步。

這消息非常不得了，老媽立即放下台灣的麵包事業，飛到美國來。先是用她慣常招數大罵，接著上演家庭倫理大悲劇，她抱著一盒面紙，邊哭邊訓我：「大偉，你知道，爸媽為了讓你念書，以後有好出息，每天在台灣做牛做馬，就是希望你在美國可以好好完成學業……，嗚嗚嗚，結果你在美國唸成這樣，你知道我們有多灰心……，嗚嗚嗚……。」

這些話，我已經聽到耳朵長繭，老媽還可以從台灣飛到美國講一遍，可是，我不過只是想要好好地畫畫。

我跟老媽說：「我想回家，住在自己家裡畫畫，我覺得這比在學校上課好。我會自己到中國餐館打工，你們就不用再當牛跟馬了啊！」

老媽發現苦情計沒有用，開出條件誘惑我：「大偉，如果你願意再回學校念書，我買台車給你。」

他們根本不明白，我要的不是車子、零用錢，我需要的是理解，能夠支持我的理想，懂得我在想什麼，而不是一味把自己的想法以及對這個世界的認知，強硬推銷給我。

好說歹說，就是沒有共識。整個暑假，我都窩在中國餐館打工，自己養活自己。工作回家後，就是畫畫。我發現這樣的生活快樂而充實。

看我意志這麼堅定，老爸、老媽開始出動遊說團，一個星期我總得要接見一到兩個親朋好友，要我回到學校完成學業。打工很辛苦，薪水又不多，這些說客可以請我吃些大餐，也挺不賴的。

經過一個暑假的拉鋸，最後我還是輸了，受不了老媽淚眼相對，還有親友團排山倒海的遊說。我勉強答應再回學校上課，度過痛苦的藝術學校第二年時光。

海水裡的奇遇

住在佛羅里達的好處，就是到處都是海，非常適合衝浪、釣魚，好動如我，身為獅子座強壯男性，我也不免要說真是如魚得水。回到學校的第二個暑假，我已十八歲，有一回照例去海邊玩，邀上死黨強尼、喬治、威爾，還有強尼的媽。

那一處海岸，兩旁有長長的防波堤，防波堤裡水極其平靜，我玩水喜歡來些刺激的，就和另外三個死黨爬上防波堤，跳進另外一邊，真是過癮，海浪不斷打上來，我們四個人一起跳進海，當我再次浮上來，發現我離剛剛跳水的地點有好長距離，強烈的海潮一下子就把我們捲出去了。

喬治和威爾緊緊抱住海中的大岩礁，岩礁上面有許多貝類和會割人的銳利礁岩，他們身上已經割了好多傷口，痛苦表情寫在臉上，夾雜著鮮紅的血液……。

我正在考救生員執照，游泳對我來說輕鬆愉快，但是我身邊的強尼，身子瘦弱，更要命的是不會游泳，他

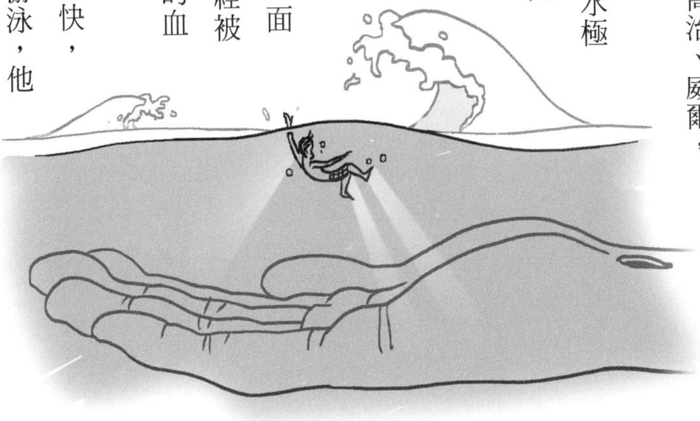

在我身旁載沉載浮，看起來雖不很慌張，卻不時用微弱的聲音說，大偉救我……。

救生員很忌諱的是，溺水者會拚了命拖你一起溺斃，所以我得提防強尼拖我下水……。隔幾分鐘，我就把強尼拉出海面，讓他安穩呼吸一下下，然後放手……。

幾次過後，我變得虛弱，要在湍急海流中保持穩定很耗體力，我看見防波堤上強尼的媽媽，死命哭喊著，強尼游回來，強尼游回來……。

強尼是獨生子，他的媽媽費盡千辛萬苦送他到美國來，如果強尼有個三長兩短，我怎麼面對他媽媽？最差狀況就是我和強尼一起溺斃，可能比獨自面對強尼媽好太多了，既然這樣想，心裡就踏實多了。

我還是固定拉起強尼一下下，趁機對他說，強尼，我們也許快死了，讓我們一起祈求神吧，祈求神救我們度過這難關……。之後我就暈過去了，感覺一切都輕飄飄的。

不知道過了多久，突然聽見強尼叫我，大偉，大偉，大偉，你醒過來啊……，被強尼叫醒後，我吐了好幾口水，發現更神奇的事，我們竟然可以踩得到底！直立站在海水中，我和強尼就這麼神奇地走回沙灘。

一離開海面，我整個癱在沙灘，耳邊傳來強尼媽媽的怒罵聲。我滿心感謝，握著強尼雙手，眼角帶著淚水，我們的命是神救回來的！神救我們一定有神奇妙的安排！在洶湧海潮中，前半段是我救強尼，脫離海面呼吸幾口空氣，但後半段是強尼在海水中喚醒我，一起走回沙灘。

美國彩色寬銀幕立體聲故事片
阿甘正傳
阿甘憨憨的
在他眼裡，這世界
完全是另外一個模樣
劉大偉 主演

據防波堤上面的人說，我們在海上載沉載浮了四十分鐘。

說來也許神奇，但那一刻，我親身感受到屬於老天、宇宙的力量，我觸摸到抽象的神力，我知道，上天在照護我、眷顧我。不管怎麼樣，我都是老天疼愛的生命，上蒼造我，一定有目的，祂不會造一個一無是處的生命，我感受到神蹟，我開始相信自己，不再認為自己什麼都不會，我的生命有很大的盼望。

那之後，我覺得自己變成阿甘，笨笨地一直跑一直跑，什麼都不管，我就是要一直往前跑。我已經親自經歷到上帝給我的力量；小時候各種人生風景從我身邊滑過，我看到老媽，一邊哭，一邊氣的罵我，但我不管，我要自己往前跑。我看到老爸在老媽的喝令下，拿著皮帶在後面追我，可是我也不管，這是我自己的路，我要繼續跑。

老天爺在海裡告訴我了，祂不會製造一個垃圾。我聽到祂在跑道的那一頭說：「大偉，你跑吧！我造你是個藝術家，為了這個，你就勇敢往前跑！」

所以我決定，不要浪費青春跟智慧去學愚蠢抽象的東西，我要繼續畫畫，但要用我喜歡、有意義的方式學習，不是為了文憑，是為了我自己以及我的人生使命。

素描是王道

每個人都要去試試看自己的能耐，公雞小的時候也要叫叫看，即使剛開始聲音沙啞，但也要去嘗試，才能探測出自己的生命跟力量。

看我這麼堅持，老媽也拿我沒轍，最後也只好退讓准我轉學。我想，也許可以再試試，同意轉到家附近的一所藝術學院，在專人導覽下，我隨意在校園晃了一圈，發現這個學校著重繪畫基礎打底，尤其重視素描課程，我過去從來沒有接受過正式的繪畫技巧訓練，心裡轉為期待，希望能夠在這裡精進繪畫。

進了學校，我才發現素描基礎不夠，畫東西的立體空間感不足。尤其是畫插畫、油畫，因為沒有基本素描功夫，對自己的畫沒有信心，常常得靠幻燈片、投影機來描。其實基本的素描是不斷訓練眼力，將看到的東西，傳達給腦袋，透過手描繪出來，眼睛跟腦要達到完全一致的程度。

明明兩個人看到一樣的東西，有人畫不出來，有人則可以透過手傳達出他想要表達的，讓觀者感受到畫作的生命力，這就是藝術的精華所在。因為這份力量，可以讓觀者百看不厭，體會藝術的高潮。

我幾乎像醫生一樣，透徹研究人體的骨骼、肌肉，骨骼彎的時候，形狀會怎麼變化？肌肉線條又如何跟著改變？把自己的眼睛訓練成X光機，不停掃描各種結構。到後來，看人的裸體看到麻木，各式各樣的裸體，老人、年輕人、胖的、瘦的，畫個沒完。

我非常專心而投入，每次老師出一個功課，我就做兩個。只做一個功課對我來說太容易了，我想要嘗試各種不同畫法，既然有多出來的時間，就再畫一個。

這個學校要求學生空手將所看到的東西，精準描繪出來，類似米開朗基羅的畫法，要求繪畫上要生動立體。後來我才知道，因為嚴格要求基礎素描，讓這個學校成為美國迪士尼選拔動畫師的藝術學院，迪士尼挑選人才時，重點不在完美的油畫，純粹講求素描功夫，是不是有空間感、立體感？能不能在2D的紙上，以線條表現畫出3D的立體效果來？

唯有具備這樣的基本功，在製作動畫時，才能讓人物動作靈巧流暢，一個接一個。很多藝術學院的學生，根本不重視這樣的基礎，我發現台灣尤其嚴重，學生大多認為，電腦可以幫我畫，我為什麼還要學結構、學素描，更重要的是創意跟想像。

其實電腦是死的，只是工具，如果自己不具備描繪基礎，透過電腦繪製出來的東西不會有生動的立體感。素描訓練的是觀察力，要了解人或動物的各種動態，唯有對每個動態的細節具備深入理解能力，才能透過紙筆、電腦這些工具，繪製出生動的畫來。

這也是為什麼蘇聯的藝術家得先學六年素描，每天不停用鉛筆練習素描基礎，及格畢業後，才能成為油畫家、水彩畫家等。

因為我的堅持，讓我後來可以進入這個好學校，完全改變了我對繪畫的想法。我長大了，必須要有自己的判斷力，未來要走的路是自己的，唯有自己深刻思考、比較過後，才能清楚哪條路適合自己。

四次徵選進入迪士尼

我的學校瑞格林藝術與設計學院（Ringling school of Art and college Design）在美國動畫界赫赫有名，迪士尼每年都會來學校挑選實習生。全美每年藝術學校的畢業生大概有一萬名，能夠進入迪士尼實習的卻只有八個人，競爭非常激烈。

我入學那年，這所學校才剛有兩名學生被迪士尼錄取。當時動畫才剛興起，我之前想的都是成為純藝術家，從來沒想過，繪畫還有其他出路。當我看到迪士尼對動畫師如此嚴格要求時，我便立志要考進迪士尼，去體驗動畫王國的精神，好好學習了解什麼是動畫。

有了決定後，迪士尼每半年在學校辦一次徵選，我都會參加。第一次沒考上，很多人放棄了，可是我既然下定決心要進入迪士尼，就不能輕易放棄。第二次，我再度參加徵選，還是落選。身邊的人勸我：「別傻了，醒醒吧！一萬個才選八個耶！也太難了。」我仍舊沒有放棄，對我來說，第一次學經驗，第二次了解錯誤，第三次才有改正錯誤的機會，第四次就能完美演出了。

果真到了第四次，我成功了！迪士尼選了我成為實習生。

進入迪士尼工作，我還保留了一個祕密，我在學校的英文、數學一直沒修完，當然也沒有辦法拿到文憑，只有學歷證明。老爸、老媽一直不知道這件事，否則一定氣得跳腳。沒有拿到文憑，對我來說，一點也沒影響我進入迪士尼成為動畫家的工作表現，在職場上，重要的不是那張文憑紙，而是有沒有具備工作的熱忱與實力。

實習時間是三個月，一開始，迪士尼不急著要我們做出什麼成績，只要我們了解動畫王國的故事。我們不停上課，內容不外乎了解明白

《白雪公主》創作者的故事動機以及思考原點，還有迪士尼創辦人曾經窮到需要借錢，才能繼續夢想，但現在卻是全世界最有影響力的動畫工廠擁有者。

那三個月，開啟了我對動畫世界堂奧的理解，我才發現，動畫看起來簡單、淺顯，每個人都能懂，但背後結合了音樂、攝影、故事、繪畫等各項藝術精華。一部好的動畫，必須巧妙融合這些高深藝術，以最簡單的方式，呈現在觀眾面前。

有了這樣的理解，我對動畫產生莫大興趣。可是實習結束後，如果能順利成為迪士尼動畫師，一開始也只能做最基本的人物繪製工作，就是不停地將上面決定好的人物動態，如實描繪下去，不停地一張張複製。

這樣的工作非常無趣，沒有創造力，根本不是我想要做的。實習結束，要交成果報告，別人都卯足全力，想要展現自己在動畫師工作上的才華，我卻轉而做背景主題設計。當時迪士尼主管提醒我：「我們要找動畫師，不是背景師。」他希望我能在人物著力。

光做人物實在無趣，既然這樣，我就做全套好了，包括人物、背景、光影、色彩等。反正有沒有被錄用不是我最關心的事情，我要做出自己真正認同、想要的東西。大不了回老本行，專心畫油畫。

抱持這樣的想法，當我將整套故事呈現出來，迪士尼的主管非常喜歡，給予很高評價，破格錄用我成為「藝術總監」，負責的不僅是動畫人物而已，還包括背景設計、顏色調配等。

進入迪士尼，是我真正藝術學習的開始，我見識到許多動畫大師信手捻來爐火純青的色彩、光影表現，以及人物工筆素描的細緻與掌握，都讓我佩服驚歎。

我也參與了很多片子的製作，包括《美女與野獸》、《阿拉丁》、《獅子王》、《花木蘭》等，參與每一部動畫，都讓我大開眼界，走向迷人的驚奇之旅。

1982年，國中二年級，我站在學校的麻煩人物Eddie旁跟他合照，當時我們已經變成最好的朋友。

國中二年級跟凱斯老師（Poppy Kincaid）合照，她是我這一生的貴人、精神導師以及好友。

1983年，國中畢業典禮，我永遠記得演講後，全校師生站起來為我鼓掌好長一段時間，校長也頒給我這座獎盃，直到現在，這個獎杯還放在學校大廳裡。

1986年，高三時畢業紀念冊製作三人小組合影，我在這裡認識人生最好的朋友，也就是我右邊的Brad Vancata，他是我結婚時的伴郎，在1995年四月，我恐慌症病發時，也是他陪伴在我身邊。

1988年，我在藝術學院的作品。在這裡，我表達了我對這個世界製造核子武器跟戰爭的看法，那就像是人們把整個地球擠進馬桶一樣糟糕。

1990年我在藝術學院念書時，幫一座地方動物園繪製的版畫作品。

1990年，我在藝術學院學生畫展上贏得第一名的油畫作品。

1990年，我在藝術學院的油畫作品。

1987年，我在藝術學院的學生展上寫生。

1988年，我的人像作品：老人。

幕後SOP（一）

從黑人部落到獅子王

迪士尼動畫開發期

1 找一個好故事 → 2 故事情節設計 → 3 視覺設計、決定風格 → 4 故事版與分鏡

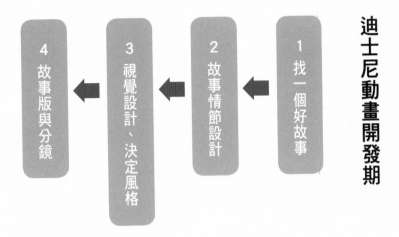

大家在銀幕上看到的迪士尼動畫電影，依照流程，從無到有製作完成，最少都要花上四年，有更多的劇本，根本毫無機會拍攝，永遠躺在櫃子裡，甚至直接丟進垃圾桶。

《獅子王》劇本，就跟我一樣，是個差點被放棄的作品，因為表現不好、不討喜，瀕臨丟進垃圾桶邊緣。但命運安排，竟然有人慧眼識英雄，把這份劇本撈回來，慢慢深入挖掘屬於《獅子王》的內涵，大家才有機會看到這部動人的動畫電影。

每一部成功的迪士尼動畫，其實都經過這樣摸索、尋找才誕生。

迪士尼動畫花最多時間就是前兩年的劇本研發階段。分派有一個導演、一個編劇，針對故事做各式各樣發想，迪士尼在這個階段允許各種可能性，許多天馬行空的想法也在這時候出現。搜羅各式各樣的劇本，不排斥各種可能，才能讓新奇特異的創意出現，而不斷嘗試、發現錯誤、在錯誤中發現機會，是這個階段的主要工作。

平均每十部劇本，只有兩部能繼續推進到製作期。每研發一個劇本，迪士尼都得花上二千五百萬美元，可是將不看好或者沒有發展力的劇本丟到垃圾桶去，迪士尼卻一點也不會心軟。一旦製作成電影，可能會付出至少六千萬美元，甚至不惜超過一億美元的代價。對迪士尼來說，這有如浪裡淘金，要得到閃亮的未來，就得付出相對成本與耐心。

美好的創意十之八九都從錯誤的大海裡撈出來，淬鍊成珍珠，過程非常辛苦，也不見得能回收，可是不出海撈捕，也無法找到珍珠。

迪士尼動畫電影的收益，除了票房，有極大成分來自授權和周邊商品，一旦成功，商機無限。研發期付出的成本，在未來的回收想像，還是很有潛力的。

1 找一個好故事

動畫電影真正的關鍵成功要素，是故事本身。一個吸引人的故事，幾乎占有八成的成功基礎，其他的繪畫演繹部分，僅占兩成。迪士尼熟諳此道，才願意長期投入大量金錢與人力成本，確保說故事的本領。

劇本故事呈現後，除了迪士尼老闆拍板決定要不要拍攝外，第一年還會邀請心理學家共同討論，以心理學角度判斷故事好不好？夠不夠大眾化？觀眾看了會有什麼反應？

所以一個劇本從無到有，進入拍攝，甚至拍攝完成後，都得經過成千上百的修改，目前這個階段純屬文字階段，還沒進入繪製。

獅子王的原始故事本來是迪士尼冷藏的劇本，是描述父子關係的故事，說的是黑人部落裡，有個很會打仗的英雄爸爸，後來爸爸戰死了，一直崇拜爸爸的兒子，親眼看著爸爸死掉，最後才知道原來是家族裡的親人陷害爸爸，兒子因此展開復仇。父子關係往往充滿對立、糾結、和解跟相惜、不捨等等感情戲，雖有亮點，但原始劇本還很粗糙，而且光有父子這個元素，就商業與藝術角度考量還不夠，尤其是黑人部落，對西方或東方的主要電影市場，都不容易引起共鳴。

但一九八九年，迪士尼剛做完《美女與野獸》，開始尋找下一部動畫電影題材，因為《阿拉丁》的印度風情深受歡迎，所以這個講述非洲部落的異國故事重新受到青睞。

迪士尼的動畫片有如包含巨大商機的廣告片，在一個小時半的電影裡面，必須將故事角色深入活化到觀眾心裡，好讓小朋友、大朋友，都想掏錢買下相關產品。我們在檢視《獅子王》原始劇本時，以當時眼光評估，非洲的黑人很難塑造可愛形象，欠缺魅力。

另外一個困難是，一般電影觀眾不理解非洲部落的生活，不能設身處地了解非洲黑人必須跟動物搏鬥，得冒著生命危險才有東西吃的處境。

即使這樣八字都沒一撇的粗略情節，迪士尼就願意花費金錢、精力著手培養這個故事。

於是有一組八位工作人員被派到非洲去，製片、導演、藝術指導跟動畫師都到非洲生活一段時間，觀察黑人部落，到大草原上體驗非洲世界。我們發現，最吸引我們目光的是非洲各式各樣的草原動物，而公認非洲最偉大的生物，不是黑人，也不是部落與酋長，而是「獅子」！

獅子沒有房地產、得狩獵覓食，不知道下一餐哪裡來，這是一般人的常識。我們能夠很自然的利用獅子的角色，轉化野蠻部落的生活概念，順暢而簡單地往下說故事。我們也可以想像小獅子玩具公仔討喜、可愛的模樣。動物永遠可以跨越種族、國界，任何地方的小朋友甚至大人，都不會排斥動物。

經過好幾個月在非洲草原上的追尋，我們終於找到這個故事的賣點，《獅子王》就此誕生！

確立故事主角是獅子後，我們進入設計故事情節。本來的劇本比較單調，高潮、起伏較少，觀眾對非洲黑人部落戰爭的共鳴點不多，所以需要補強。

劇情高潮曲折不代表複雜。迪士尼向來奉行的鐵律是「KISS」；也就是「Keep it simple and stupid」所有故事都要保持簡單跟一目了然，一旦複雜就得花很多力氣解說角色關係或所有來龍去脈，不但容易偏離主題，也會讓觀眾失去耐心。迪士尼相信用簡單的方式說故事，愈簡單，愈容易誘發觀眾想像力，才是成功的動畫電影。

我們設計《獅子王》的情節，同樣要琢磨怎樣簡單的說故事，甚至不需要語言，用圖片、演繹、表演，就可以將故事說出來，因為圖片沒有國界與年齡的分別。

簡單說故事的最好方式，就是將觀眾的生活經驗代入，才不用花很多力氣解釋，讓觀眾一看就能進入劇情。迪士尼慣常手法就是：「把大家共同熟悉的歷史與

文化意涵放進去」，一旦應用這種國際語言，觀眾一看就能立即聯想，產生「好像有看過、我知道這個」的共鳴。

設計《獅子王》的故事，我們參考了聖經。在美國等西方國家，基督教是普遍文化，聖經更是西方人或多或少都讀過的書，引用聖經故事，最能讓西方觀眾立即投入。

舉例來說，小獅子辛巴要想要重返奪回屬於父親的王國時，是個重大的轉折點，必須要鋪陳合理、自然，可是又不能複雜，得讓觀眾一目了然，立即投入才行。

我們設想用父親的鬼魂回來跟辛巴講話。可是祖先、鬼魂比較接近亞洲文化，對西方世界不夠親切，辛巴自己做夢呢？還是有人來找他回去？類似的情節轉折，每個參與的工作人員不管有無負責劇本工作，都得想出六到七個解決方案，在會議上提出來。聖經裡面有很多訴說父子關係的故事，我們一直在研究、參考各種不同的表達方式，直到看到摩西的故事，我們感受強烈的到位。

摩西本是埃及王子，被流放驅逐後，消沉了一段時間，後來受到上帝感召，再度回埃及去，這個概念正好用來訴說小獅子辛巴的轉折。

摩西在曠野裡牧羊四十年，有一天看到荊棘被烈火燃燒而不化，火團突然變成上帝，開始對他講話：「摩西、摩西。」摩西覺得很奇怪，是誰在叫他？火團裡出現的形象告訴他：「是我，我就是上帝……。」

我們被聖經故事裡這段上帝召喚摩西的過程吸引，所以也用同樣方式闡釋辛巴重返王國的啓示。

於是辛巴在草原裡奔跑時，突然看到天空的火柱雲彩裡，有個聲音跟辛巴說話，然後慢慢地，那個聲音跟雲彩變成辛巴的父親，對辛巴說：「你記得你是誰嗎？」也許觀衆在看這一段時，不會馬上聯想「這就是上帝與摩西」，但潛意識卻能很快接受天啓，因為這是西方人所熟悉的聖經故事。

在很多迪士尼動畫電影裡，都可以看到聖經故事的情節安排，這是因為西方文化有唯一的神，有上帝存在。可是亞洲不一樣，傳統東方文化沒有上帝，所以我們在講《花木蘭》的故事時，就不會使用上帝、聖經的概念，改以東方世界本有的「祖先」意涵，這是大家具有共識的概念，所以這個啓示的代表「龍」，在《花木蘭》裡就成了祖先的投射。

引用共通歷史觀念，跟引用聖經是一樣的手法。

在設計辛巴舅舅這個反派角色情節時，我們考慮了很久，究竟誰是舅舅的幫派？如果是幾隻反派公獅子，容易造成混淆，因為公獅子很少，在非洲大草原上，公獅子的工作就是打架，贏的獅子就變成王。如果把這些獅子拉成「暗中」的反派角色，就得花心力去解釋。

所以獅子都是好的，只有一個是壞的，那就是舅舅，否則小朋友看不出來反派與正派差異。那麼誰是舅舅的反派同夥呢？

在故事中運用人潛意識的記憶連結，勾起回憶與共鳴，就能用故事控制情感，你要觀眾高興就高興，悲傷就悲傷。

於是我們回溯歷史尋找反派形象。我們想到西方世界中最大的反派就是希特勒，他對貧窮、社會階級較低的德國人洗腦，歸咎猶太人所以德國人才吃不飽、餓肚子。只要打倒猶太人，一切就好了。

我們便將草原食物鏈中比獅子還要低階的野狗拉出來，作為跟隨舅舅的反派軍隊。舅舅告訴野狗：因為獅子王你們才沒得吃，只能吃獅子吃剩的東西，現在只要打敗獅子王，你們就再也不會餓肚子了。

如此一來，借用希特勒的印象，就能很簡單建構舅舅的壞，讓觀眾直覺認為舅舅不是好人。但一開始故事並未有點明白舅舅到底是好是壞，而是讓觀眾慢慢被這樣的形象牽引，最後才發現他是壞人。

隨著動畫攝製工作到了第三、第四年，人物設計、故事版都已經出爐時，迪士尼還會到主要大城市各尋找四十到五十位觀眾，包括老師、家長、大學生等，針對現有故事版給予意見。迪士尼非常重視這部分的觀眾回饋，往往會隨著觀眾喜好，修改很多重要的故事情節，就是為了確保電影上映時，能夠確實吸引觀眾。

《獅子王》的一個高潮情節是辛巴的爸爸受傷落敗，遭到驅逐。我們在製作這個動畫的第三年，找了五十個觀眾來看，有個小朋友說：「這個爸爸如果死掉，我會更同情辛巴！」

聽見這個小朋友的意見，我們重新檢視原始設計，反覆研讀討論後發現，小朋友說得很對，如果辛巴的爸爸死了，故事張力增強，令人更同情小辛巴的遭遇，之後辛巴重返王國的正當性就愈加強烈。

雖然進行到這個階段，很多前製作業已經安排好，要做如此重大更改，勢必付出更多成本，可是迪士尼已經嫻熟這樣的修正。不管任何時候，看到錯誤而不立即修正，對迪士尼而言，才是最大的風險。

死亡是生命歷程的重大經歷，劇情效果往往最強，在彩色、歡樂的迪士尼動畫中，讓死亡不帶來恐懼，要具有藝術美感，又能表達死亡的啓發，向來是迪士尼動畫的重大考驗。

估計一部動畫電影整個製作過程有一千五百名工作人員。負責前製作的製作團隊有八人，天天聚在一起腦力激盪，連吃飯都在討論該怎麼死，才能讓小朋友看了不害怕，又能體會死亡這件事是人生中真實而重要的事。

我們八人團隊，每個人都得想出二十種死法，然後再窄化到十種可能性，開會進行討論，挑出五個來，最終再篩選成三個。這三種死法，最後要透過全公司票選，由所有人決定，獅子王到底要如何「死得很動人」？

這樣一個細節設計，很難計算耗費多少人力金錢，一部動畫電影好不好看，關鍵就在這些細節有沒有被認真對待、完美設計。這是迪士尼看似天馬行空的創意底下嚴謹的作業方式。

總結來說，設計每一個故事環節，我們永遠都會記得鐵律：「把觀衆視同小學生」，要讓觀眾在最短時間內掌握故事，不做複雜解釋而偏離主題意識。

3 視覺設計、決定風格

確立故事情節，劇本文字階段算是完成了，接下來就是文字圖像化。

不過在進入真正的動畫繪製之前，我們得先決定整個影片的視覺風格，也就是每一個場次的顏色，顏色不同會讓整部電影呈現出不同感覺來。

我們會先用幾個方塊來組合，用想像的方式，來介紹顏色變化。例如第一幕到第二幕顏色會怎麼樣從藍色慢慢變成灰藍色，第二幕到第三幕又會如何從灰藍色中，浮出沙漠的黃。用色卡一個個畫出每一幕顏色變化，這個階段不會有人物，就只有背景色卡，用顏色來表示各個不同背景，從色卡來想像未來的場景。

每一場的顏色決定都會由導演、藝術總監和製作

人做完全討論，決定之後，接下來的背景設計，就會跟著顏色軌道走。一般來說，整部動畫電影主要的顏色只會有幾種，這是為了統一電影風格，同時也透過顏色暗示觀眾，角色處於不同的情緒、狀況中，用以牽引觀眾融入劇情。

在決定每一場顏色前，我們會先研究什麼樣的顏色給人帶來哪些不同感覺，運用色彩心理學牽動觀眾的情緒。

一般來說黑色讓人感覺沒有盼望，灰色是非常難過，天空藍讓人感覺舒服，深藍則是憂鬱，紅色帶著警告、危險的意味，黃色是警示，青綠色則是舒服、清爽。在這個階段，等於是用顏色說故事，是藝術上非常重要的表現形式。

在設計《獅子王》的顏色基調時，我們遇到很大困難，非洲沙漠不像《美女與野獸》的法國村，有城堡、彩繪玻璃，場景多樣豐富，就能運用各式各樣的顏色。沙漠幾乎都是黃色，頂多只有幾種植物，要不然就是石頭，顏色變化很少。獅子王的家應該是什麼樣子呢？

迪士尼動畫經常將動物擬人化，但一定要合理、自然，盡量用寫實來處理超現實，才能讓觀眾認同劇情。所以即使是會說話具有人的個性的獅子，走路的樣子、神態，還是要維持獅子模樣，不會站起來說話，也不會拿腳當手用。

為了解決這個問題，我們先把舅舅這個大反派拉出來，他是所有角色中性格最明顯、變化最多的，完整塑造這個角色，就能帶動整部電影的情緒起伏。所以場景顏色得隨著舅舅出現而變化，他一上場，畫面就呈現黑、紅跟化學綠等三種顏色。觀眾在不知不覺中，被這三種顏色牽引，進入比較負面、邪惡的情境中。

我們特別設計了大象墳場作為舅舅經常出沒的地點，雖然是虛構的場景，但因為大象是非洲草原上常見的群聚動物，所以不覺得突兀，以此暗示舅舅性格的陰暗面，如此一來，除了原有的沙漠黃，還可以加上代表死亡的灰色。

舅舅的顏色定調後，便可以就沙漠上原有的顏色進行各場景的顏色配置。比如獅子王爸爸出現時，為了暗示光明、正義、勇敢這些特質，就減低黃色沙漠的比例，大幅增加藍天色調，觀眾一看到獅子王出現，就會跟辛巴一樣，有安全、信賴的感受。

場景配色後，就是人物本身的配色，這部分的設計就要有整體、一致性的安排。每個角色都有自己專屬的顏色，鳥的顏色和小獅子的顏色不能混用，而且不能隨意安排顏色，必須根據角色性格設計，反派舅舅選擇的就是咖啡色，既可以跟背景裡的黑色元素區隔，又能代表黑暗；獅子王爸爸則是橘黃色，因為古代皇帝黃袍就是這樣的色澤，具有王權象徵；主角辛巴比較複雜，隨著他的成長，會有不同變化，先是代表青少年的青綠色，然後慢慢往黃色、淡黃色演變。

設計人物顏色得留意和主要的沙漠背景色對比，才能讓人物從背景裡凸顯出來。另外也同時要考慮，用在將來的周邊玩具產品，這些顏色是不是有賣點，行銷部門的意見要加進來，而未來這些設計會交給一、兩百人跟著畫，所以不能太複雜，否則就難確保一致性。

確定每個景與人物的色彩配置後，就要將每個景化成一張張簡單的小畫，標示出不同景的不同顏色。同時將主要人物的色彩放進來，確定每一幕的風格設計，包括群象、環境，都要有共同搭配。

這個過程就是將文字劇本發展到圖片的故事版，這個部分也是當時我在迪士尼擔任藝術總監的主要工作。

故事版的色彩配置會與分鏡一同進行，也就是將劇本拆成一片片的圖片畫出

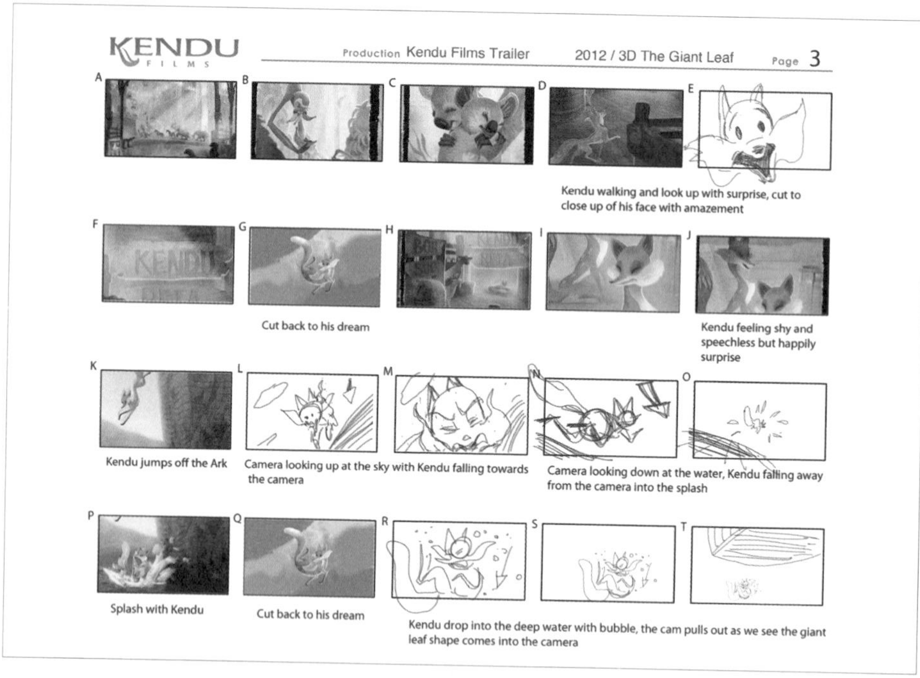
KENDU FILMS
Production Kendu Films Trailer
2012 / 3D The Giant Leaf
Page 3
A
B
C
D
E
Kendu walking and look up with surprise, cut to close up of his face with amazement
F
G
H
I
J
Cut back to his dream
Kendu feeling shy and speechless but happily surprise
K
L
M
N
O
Kendu jumps off the Ark
Camera looking up at the sky with Kendu falling towards the camera
Camera looking down at the water, Kendu falling away from the camera into the splash
P
Q
R
S
T
Splash with Kendu
Cut back to his dream
Kendu drop into the deep water with bubble, the cam pulls out as we see the giant leaf shape comes into the camera

來。這個階段等同於幫電影打草稿，所以參與的動畫師，不見得是迪士尼內最會畫畫的人，但一定要是最會講故事的人，才能有創意地用圖畫方式呈現劇本，協助導演看到劇本從文字變成動畫的可能性。

光是這個初階分鏡，就會有十五名動畫師參與，有人負責開場、有人負責上色，大家分工合作，各自繪製，每三天就聚在一起，互相檢查彼此的作品，確保每個環節可以順暢銜接。

我們把畫完的成品，貼在一個大房間牆面上，導演只要走進房間繞一圈，就會像看漫畫一樣，可以看完整部電影。這個房間是迪士尼最機密的核心基地，不屬於這個階段的工作人員，是不能隨便進出這個房間的。

·第三幕·

黑霧迷航

進入迪士尼工作，是我真正學習的開始，就跟《獅子王》動畫進入真正拍攝階段一般，這時所進行的每個製作過程，才是要將「劉大偉」這個作品正式端到世人面前。

可是距離「劉大偉」正式問世，還有一段路途。在這裡，除了磨練繪畫技巧，最重要的，是我看到迪士尼人的工作態度。不管職位如何，在動畫界擁有多崇高的地位，他們都非常謙虛，不因創作過偉大作品，就因此驕傲，面對每一個新創作，都會拋掉過去經驗、想法，把自己歸零，重新開始。

我很喜歡偷偷觀察這些大師創作的過程，好幾次，我站在旁邊看迪士尼大導演、動畫大師為背景上色，大為震撼，看起來好像是隨意的描繪，但本來看似平淡的背景，經過他們巧手著色，居然變得精緻、漂亮。

他們對作品的要求非常嚴格，一個筆觸不好，就會全部丟進垃圾桶。很多其實已經非常完美的作品，他們還是毫不眷戀捨棄，就為了追求更完美的表現。

所以下班後，等他們都走了，我就會溜到他們繪畫桌旁的垃圾桶，將淘汰的作品撿回家。對我來說，那些都是寶貝，回家可以好好研究，大師們到底怎麼下筆？怎麼上色？怎麼演繹？直到現在，我家裡還保存很多那時候從垃圾堆裡撿回來的大作。

在迪士尼也好，好萊塢也好，每年有無數劇本都得不到拍攝機會，而已經中選的劇本，有的已經花費上千萬美元研發費用，到最後，評估起來，如果不是精彩故

事，依舊會被丟進垃圾桶。大家不會因為這樣覺得可惜，好作品本來就是在一次次失敗中不斷進步，最後才能有最好表現。

《花木蘭》動畫快完成時，我看到裡面有一場戲，是花木蘭為了融入軍隊，學著大男人的舉動，比賽吐痰！一群西方人看到這裡，不免哈哈大笑，因為在他們的刻板印象中，中國人就是喜歡吐痰。

可是我看了非常不舒服，也覺得不恰當，這根本就是醜化中國人，嘲笑別人的文化。所以我當場提出來，希望修改這部分，否則電影播放後，將會得罪所有的華人。

我建議，中國人有嗑瓜子習慣，不如將吐痰改成比賽吐瓜子。一來不更動故事原意，一樣好玩有趣，二來也不會引人反感。

做牛仔，不做牛馬

當時做這樣的修改，等於從頭到尾每一個製作環節都要更動，動員人數有幾百人，花費至少也需要幾百萬美元。可是迪士尼思考過後，決定照我的建議修改，將來這部動畫電影是要全球播放的，不只關係到票房，也會影響迪士尼長期以來建立的聲譽，不能有任何差錯。

這讓我見識到迪士尼勇於承認、承擔錯誤的精神，在作品面前，時時刻刻保持謙虛以對的態度。這應該就是迪士尼能夠屹立一百多年的原因。

我在好萊塢最常聽到「Go do something someone never done.」去做些別人沒做過的事，這就是美國牛仔精神，敢於嘗試、創新，不停尋找新點子、想法，開發新道路，才會源源不絕產生創意，作品才能不停吸引人，美國人慣於做牛仔，而不做牛馬。

參與《花木蘭》拍攝時，迪士尼的製作團隊只有幾張東方臉孔，多數還是美國土生土長的華裔。在不了解東方文化、背景的情況下，要拍出吸引人的東方故事，確實不太容易。

光是李將軍的面孔，就讓大家傷透腦筋，製作團隊設計了好幾個版本，可是怎麼看，怎麼不對。李將軍是北方人，英俊挺拔、威武神勇、迷人帥氣，大家正在琢磨，我剛好出現……，咦，這說的不就是我嗎？所有的人盯著我看，立刻找到範本。我被拉著坐下，所有人開始描繪我的臉，藉由李將軍，我在動畫電影裡留下了身影。

工作環境也是激發創意的重要因素。每個迪士尼動畫師的工作桌子都非常大，一個團隊一個房間。門幾乎都是關起來的，還有非常好的隔音效果，各項設備高檔到不行。

三不五時還會有大明星出現，有次麥可．傑克森來參觀動畫製作過程，個性像小孩子的他，樂翻天，好奇各種可愛的動畫是怎麼畫出來的，還要我教他畫，完全沒有大明星架子，後來我們還碰面好幾次，談的都是動畫創作。

由於辦公室就設在佛羅里達主題樂園裡，所以我們可是在「夢想樂園」上班。不過一點也不有趣，因為當你變成樂園的一部分，得一邊工作，一邊供遊客參觀。辦公室頂端是透明隔音防彈玻璃，我們就像魚缸裡的魚一樣，讓人從頭頂上參觀。遊客從第一個項目：編劇、第二個項目：人物設計……一個環節一個環節了

解動畫製作過程。我剛進去工作，還是個小菜鳥，都被擠到人家不想待的地方，就是一抬頭就會跟遊客四目相接的辦公室正中央。

迪士尼動畫工作很尊重個人風格展現，把動畫師當明星般款待，我們幾乎都是穿著短褲、夾腳拖鞋去上班，工作累了，還會有按摩師到辦公室來，到桌邊幫你按摩，每個人輪流按摩十五分鐘，是非常人性化的工作環境。不像華人社會的工作場所，都是一個個灰白方格，感覺很像機器人，在不開心的環境下工作，就不會快樂，怎麼能創

作出有生命愉快而陽光的作品？

田納西插曲

《獅子王》製作尾聲，因為薪資關係，我跟迪士尼主管有些爭執，年輕氣盛之

下，我離開迪士尼，跟七個大學好友搬到田納西，共同成立繪畫工作室，我們單純地認為，可以靠著賣油畫，以及接些插畫工作度日。

畢竟我們七個人在藝術大學都是頂尖學生，尤其是我，進入迪士尼沒幾年，已經成為迪士尼動畫師的第二把交椅，我天真地覺得，自己已經是號人物。

卻沒想到，拿掉迪士尼這個頭銜，我什麼都不是。

我在田納西的日子過得很浪漫，白天打獵、晚上抓牛蛙。一邊生活一邊懷抱著對藝術的夢想工作。本來就是半個野人的我，幾乎玩瘋了！我住在教會森林宿舍，旁邊就有好幾百畝大森林。每天肚子餓了，我就拿著獵槍，走進森林獵鹿、鱷魚甚至烏龜。美國人打獵回來，一般將獵物交給專業的人處理，可是我這個台灣來的野小子，殺鹿、拔毛，樣樣自己來，因為我小時候，常常看外婆殺雞，知道該怎麼處理，美國人嚇呆了，說我比「紅脖子」還「紅脖子」，意思就是白人牛仔。

我們還自己種菜、養雞、鴨、青蛙等，走路就可以到湖畔露營，平常的交通工

具就是騎馬，偶爾才會開大卡車，過著古代的浪漫生活。

可是這樣閒適的日子，一陣子過後，我發現自己不開心。首先是收入大幅減少，以前在迪士尼一週的薪水就有七、八百美元，在田納西幾乎一個月才有七、八百美元收入，工作量卻比在迪士尼多很多。油畫不如我們想像中受歡迎，賣得非常慢，平均畫二十張，只有一張賣得掉，其他十九張等於白畫。報紙上的插畫也是，雖然有經紀人幫忙接案子，可是幾乎都是不太起眼的媒體，一張插畫才五十美元，得畫好幾百張，才有辦法生活。

我猛然發現，離開迪士尼後，我幾乎變成了隱形人，沒有人認識我，也不認為我有什麼價值，大家只知道我是畫《阿拉丁》、《花木蘭》、《獅子王》的人，我用心畫的山水畫，都沒有人要。離開了米老鼠的庇護，我好像沒穿衣服的超人一樣，所有神力都不見了。

好奇怪，同樣都是我跟我的創作，為什麼沒有迪士尼光環，我

就沒有價值？以前在好萊塢，只要在獅子王的畫上簽個名，至少就可以賣五百美元。現在我花兩、三個星期畫的油畫，卻連兩百美元都賣不了。

九個月後，我決定離開田納西，再度返回好萊塢的動畫電影世界。

愛情恐慌症

一回歸就碰上動畫電影高峰期，皮克斯、夢工廠接連出現，許多電影公司包括華納等，也決定著手拍攝動畫電影。從這個時候開始，動畫不再等於迪士尼。一下子蜂擁的動畫需求，面臨找不到動畫師的窘境，在過去，幾乎只有迪士尼有培養動畫師，美國藝術學校也僅一、兩家培育相關人才，新設立的動畫公司紛紛跑到迪士尼挖人。

挖角行動非常誇張，當時華納公司的人打電話給我，約我面談，還特地從洛杉磯飛到我住的奧蘭多來，直接在機場簽訂合約。只要是曾經在迪士尼上班的人，不管哪個部門，一律薪水三倍起跳。我就從一週七百美元薪資，一下子暴增到一週兩千多美元，才二十四歲的我，已經坐擁高薪。到華納去，還將帶領一組動畫師團隊。

這看起來顯然是好事，我似乎也應該會為這樣的「晉級」感到開心，但當時，我正為了一段混亂的感情，陷入焦慮狀態，那種感覺很難描述，好像腦子裡的檔案，錯亂了，完全沒有辦法歸檔管理黑與白、上與下，完全錯置，我的情緒混亂到無法處理。

認識Sherry是在教會，第一眼看到她，我就被她的美貌吸引，像是一個從《花花公子》雜誌走出來的金髮碧眼性感尤物。我們愛得很熱烈，第六感告訴我，這段感情不太對勁，可是我像被什麼迷惑一樣，執意要跟她在一起。

Sherry脾氣非常暴躁，一個不開心，就會不停罵三字經，還會摔東西。她常常跟前男友約會、搞曖昧，我稍微跟女生說話，她就暴跳如雷。我不停改變自己，符合她想要的樣子，我一直跟自己說：「我好愛她，這些都沒有關係。」所以她把東西打得東倒西歪，我就撿起來，她不停咒罵我，我要自己忍耐。

有天我跟她約好下班後到她家碰面，當時正在進行《獅子王》上映前的最後階段，非常忙碌。我延後下班一個小時，匆匆趕到她家，門一開，菸灰缸、花盆，不停往我身上飛，她懷疑，我一定是在這一個小時內跑去跟別人約會了，才會遲到這麼久。

我覺得自己受夠了，不想再忍耐，當場提出分手。兩天後，她打電話來，不停地哭：「我不能離開你，我好愛你，有什麼不好的，我願意改，你不要離開我。」我聽了很心軟，又回去她身邊。

沒幾天，她來我家，看到房間裡掛滿我自己創作的裸體畫，非常不開心，又開始不停大罵三字經，然後轉頭開車就走。三天後她又打電話來哭訴：「你真的愛我

嗎？你要是愛我就應該把那些裸體畫拿走……。」

聽著她哽咽的聲音，我心裡非常不捨，撕掉所有裸體畫，以為這樣就可以保有愛情。我甚至決定，從今以後不再畫裸體女生了。還不到兩個月，我無意間看到她的電話答錄機有跟其他男人來往跡象，我實在忍無可忍，決定結束這場遊戲。

決定看似容易，要實行其實非常痛苦。我覺得自己精神撕裂，一個我說：「不能！不能再回頭找Sherry，你會很慘。」另一個我卻說：「我好愛她，我沒有她活不下去，她是我人生裡面最漂亮的寶貝。」我強逼自己結束跟Sherry的關係，在兩週內要搬到洛杉磯去工作。

華納對待我像明星一樣，在好萊塢幫我準備好什麼都有的高級公寓，派了專人來幫我搬家，我什麼都不用帶，只需要一卡皮箱，就可以展開新生活。

這樣安排看似完美，可是得快速清理家裡的東西，我開了一個車庫市集，幾乎一口氣賣掉所有熟悉的東西，飛到完全陌生的環境，重新開始。

沒有經歷慢慢打包、移動的心理重建過程，突然的生活大轉變，加上感情上的切割，讓我一下子沒有辦法承受。「啪！」一聲，一大堆埋藏在記憶庫的醜惡東西，全部傾瀉出來，老媽、家庭、工作、愛情上的委屈，全部列隊輪番打擊我。

我得了恐慌症。

什麼是恐慌症？突然的，我覺得心臟要爆炸了，完全喘不過氣來，好像自己卡在自己身體裡逃不出來，下一分鐘我就會死掉，這種恐懼，讓我想結束自己的生命。可是我又得告訴自己：「大偉！不可以，你要撐過去。」我坐也不對、站也不對、走也不對，什麼都不對勁，不知道該拿自己怎麼辦？感受到自己隨時會死掉。

某天晚上九點多，我打電話給爸媽，語氣嚴肅沉重，要他們趕快到我家來，我有重要事情要說。老爸、老媽覺得奇怪，以為我發生意外，匆匆趕到，卻看見完全抓狂的我。

反正我就要死了，我要把這些年想對父母說而沒有說的話，全部說出來。

我說，十五歲看到鄰居賣的《花花公子》雜誌後，我就特別受金髮尤物吸引。我一心認為這就是愛情，生長在傳統的基督教信仰家庭，感情與性就像埋在衣櫥深處的東西，不得啟齒，他們從來沒有告訴我男女之間到底怎麼回事？我內心想從父母身上得到正確、成熟的指引，卻因為彼此感情疏離，讓我失去依靠。

小時候，我怕老媽，在青少年時怕轉變成恨，到後來，乾脆對老爸、老媽冷漠，保護我自己。除了功課好不好？吃飽了沒？彼此根本搭不上話，

幾乎活在兩個世界。

還有一個至今難以釋懷的痛，就是我老媽造成的。

那是我升上大學第一年，整整三個星期聖誕節假期，我跟老媽說：「我想回家。」可是電話那頭的老媽卻回我：「你回來做什麼？又沒什麼事，不用回來了，省點機票錢。」

我當時第一次離家這麼遠念書，終於有了假期，很想念他們，老媽卻一點都沒感覺，單單只是為了省錢，就不讓我回家？我心想：「難道你們都不想看到我嗎？」

亞特蘭大的冬天很冷，宿舍非常冷清，所有的人都回家過節，只剩下我一個。肚子餓了，想吃點東西，因為慶祝聖誕節，外面的店都沒有開。我打開冰箱，裡面空蕩蕩地，最後只能以白飯加奶油，當作聖誕大餐。

一個人待在宿舍裡，外面飄著大雪，裡面黑漆漆空無一人，我孤獨地在宿舍度過兩、三週。跨年時，我躺在床上，聽著外面倒數、慶祝的聲音，至今我都沒辦法忘記那年聖誕節的落寞與憂鬱。從那之後，有很長一段時間，只要聖誕節一到，我就會不由自主憂鬱起來。長達六、七年時間，我不能原諒爸媽，情感上很敏感的我，受傷很深。

因為害怕再度被父母傷害，我進入迪士尼工作有了薪水，即使老爸、老媽家距離迪士尼開車不到半小時，我還是堅持搬出去住，因為我的心，已經完全離開了父母親。

以前我覺得「媽媽我需要你、爸爸我需要你愛我」，可是那次後，我告訴自己：「劉大偉，從今天開始，你不靠媽媽，也不靠爸爸，你不要期望他們，你必須保護自己，為以後自己的路去努力，他們是靠不住的。」

這股怨氣，一直持續很久，我想赦免他們，可是好難，好難。

親子撕破臉

那個晚上，我細細訴說自己的感覺，一層層剝開，說出所有祕密與感觸，因為我覺得自己就要死了，再不說，以後恐怕沒有機會了。

老爸跟老媽聽了，開始抓狂，完全不能接受，怎麼自己「做牛做馬」，兒子還會恨他們，他們始終想不通，自己努力賺錢，想要供給孩子應有的一切，栽培孩子到美國念書，孩子非但不感激，還恨他們？

老媽說：「你說什麼聖誕節？我完全不記得！」一邊老淚縱橫：「反正你就責怪我不是個好媽媽。」老爸說：「什麼傷害？我不覺得這些有什麼傷害？」最後拿出聖經來，不停幫我禱告。

我整個人站起來，將手上的毛巾甩在地上，狠狠地往牆：「你們可以聽我講話嗎？我非常不快樂！」老爸、老媽看到我這副模樣，認定我神經不太正常，趕緊離

去。

兩天後，我要搬到洛杉磯去，老爸到機場送我，一看到我的模樣，整個人嚇昏了。我自己拿刮鬍刀剃掉頭髮，我覺得必須全身完全赤裸，才能呼吸。

我後來才明白，我以為的徹底告白，對老爸、老媽來說叫做撕破臉，他們習慣戴著面具跟孩子們相處，這些怨恨、憤怒，不要說出來多好，彼此坦誠，反而讓大家越難相處。

帶著恐慌症，我一個人到洛杉磯，住在高級明星公寓，從窗戶看出去，景色宜人，有山、有水，鄰居都是叫得出名號的大明星。可是，我痛苦、寂寞，心中一片黑暗。我問自己：「大偉，你現在住豪宅，收入高，又年輕、強壯，別人想要的人生，你短短幾年什麼都拿到了，還不滿意什麼？」

我也不知道。我真的不知道自己為什麼這麼不開心，也更不知道如何才能讓自己開心。

剛到洛杉磯的第三個晚上，九點鐘，我一個人坐在公寓客廳，突然覺得好想念Sherry，感覺到自己這輩子沒有了她，一點意義也沒有，不如死掉算了。恐慌感，就這樣一步步爬上來。

一時間，我好想找人說話，但在這裡，我沒有朋友，也害怕同事知道我的狀況，會丟了工作。我像熱鍋上的螞蟻，做什麼都不對，洗澡，冷水不行、熱水也不行。坐下、站起，都沒辦法呼吸。

最後，我還是選擇打電話給老爸、老媽。老媽當時已經氣得不願意聽我電話，老爸接起來，我一開口便停不下來：「爸，我好怕，好怕，好怕……，爸，救我……，我好怕……，我快要死了……，爸……，」我失控地重複這些話，希望老爸能開口安慰我，或者只是聽我訴苦。

可是老爸一個勁地說：「我來幫你禱告……喔！主啊！主耶穌啊！……」我最親密的人，在我最需要幫助時，仍舊像個機器人一樣，完全沒有感覺，只想到禱告。這些禱告詞，從小聽到大，我都會背了，還需要你現在告訴我嗎？我需要的只是一隻耳朵，聽我說話而已。

我失望地掛上電話，感覺自己心臟跳得好快，就像要爆開來一樣。我自己撥了一一九，請救護車過來。醫護人員量了血壓、問明白狀況後，五分鐘後，我被抬到醫院掛急診。

躺在急診室，他們很快將我綁起來，拿藥給我吃，但藥才碰到嘴巴，我就直喊：「救命！救命！我要嘔吐！」最後，只得注射鎮靜劑。我迷迷糊糊昏睡過去，感受到人生殘酷又寂寞，嘴巴裡反射性喊著「上帝救我。」心裡卻感受上帝離我好遙遠。一直到凌晨四、五點，被醫院的人叫醒，給我一些藥，就讓我回家了。吃了藥後，我暫時穩住精神狀況，還是去上班。

「我的靈，你在憂愁什麼？」

我當時帶了十五個動畫師，工作壓力很大，一方面得隨時留意不能發病，一方面還要趕快上手新工作，過得很辛苦。

一開始，我很擔心在工作時發病，所以謹慎按時服藥。吃了幾次後，發現這個藥會讓我神智陷入迷幻狀態，無法思考，當然也沒有辦法畫畫。

兩個星期後，我決定不能再吃藥。我在基督教家庭長大，很自然就開始對上帝禱告，希望上帝能夠拯救我，幫我從黑暗中走出來。

我全心全意依靠上帝，對我來說，那是唯一的救贖。我一天得禱告十次，平均每一個小時，就偷偷躲到廁所、停車場去禱告，怕人家看到我這副模樣，會覺得我神經不太正常。

窩在停車場車子裡，我大聲唱聖歌、禱告，一定要唱出來，讓自己確實聽到，我才會安靜下來。我還會把聖經改成寫給劉大偉的話，一遍遍念給自己聽，不停地跟上帝說：「上帝啊！請你幫助我，只有你能幫助我了，請憐憫我這個罪人，幫助我離開可怕的黑暗。」一直講、一直講，現在想來，那副模樣真是可怕。

有次我跟另外兩個動畫師去吃自助餐，我坐在車子後座，突然恐慌先生又來了！我窩在後座，躺了下來，眼神空洞，像個沒有靈魂的人，嘴巴則像機器人一樣，不停地念：「喔！好可怕，好可怕，你們可以帶我去森林嗎？這裡人好多，很可怕。我想去安靜的地方。」

他們以為我在裝模作樣，沒有多理會。不一會兒，我又正常了，然後過了一下子，我又開始發作，就像突然有另外一個奇怪的劉大偉冒出來一樣。我不敢大聲禱告，只在心裡不停默念：「主啊！幫助我！憐憫我，救我離開這裡……。」

回到家裡，我跪下來，想起小時候在教會裡的聖經教導。我跟上帝禱告，請祂透過聖經幫助我。翻開聖經，我看到詩篇裡大衛王對自己說：「我的靈，你在憂愁什麼？」

我想到自己，到底我在憂愁什麼？二十四歲的我，已經是明星動畫師，每週三千美元薪水，住豪華公寓，擁有別人羨慕的生活。我到底在憂愁什麼？只不過不能跟不適合的女生在一起，這個決定還是我自己做的，劉大偉，你到底有什麼理由不高興？

大衛王的四面八方都是敵人，國內外都有很多人痛恨他，想要殺掉他，壓力更大，絕望更深。可是大衛王跟自己的靈魂說：「你要把你的信心、快樂專注在耶和華這個上帝裡。」

這句話讓我醒悟了！大衛王說得很有道理，快樂應該是超乎環境，如果把快樂專注在環境裡，那麼，很容易就被環境變化打倒。把快樂專注在內在靈魂與心裡，這分快樂才是永恆。

我整個人安靜下來，好像打完一場心靈戰役，我反覆讀著大衛王的故事，感覺

這是特別為我劉大偉寫的故事。

腦海中，浮現了在迪士尼認識的巨星麥可．傑克森，看似擁有一切的他，其實非常自卑，很怕人家看到他臉上的青春痘，隨時都擔心自己不完美。講話時，不敢看對方的眼睛，非常害羞。可是上了台，麥可完全變成另外一個人，表演這件事，變成他的面具，只要一戴上，他就不再是那個從小被爸爸虐待，沒有自我空間的人，而是閃亮的巨星，後來他沒辦法忍受這樣的自己，不停靠藥物麻醉自己，最終走上絕路。

剛開始，禱告完，我還是會吃藥，因為仍然害怕、擔心，不希望恐慌感再度上來，那種精神崩潰，自己跟自己打架的感覺，真的太可怕了，我不想冒險。可是吃完藥後，又會怪自己，意志不堅定，信心不夠。

這時候，我看到了彼得跟耶穌的故事。當時彼得跟其他門徒在船上，海上風浪很大，耶穌跟彼得說：「你來。」彼得憑著信心，跳出船，走在水上，幾步後，突然覺得不太對，便沉了下去。

這時候我才發現，信心的確是需要操練的，不是突然間，也不是一夜而來，得不停提醒自己，鼓舞自己。既然我對自己沒信心，那麼我就把自己交給神，我知道在某處，一定有巨大的宇宙的力量，在支撐我，看顧我。

慢慢地，在禱告跟信心的支持下，我的恐慌症逐漸痊癒。

人的苦難，上帝的開端

我一直在想，為什麼我會有恐慌症？

在朋友介紹下，我去看了心理醫生，醫生跟我說：「你嚴重地為別人而活。」內心不停地在自我跟別人的期待間拔河，這些壓力慢慢在心裡積存下來，等到有一天受不了爆發了，大腦就會分泌具有毒素的賀爾蒙。

心理醫生介紹兩本書給我，都是有關「為別人而活」的書，我才知道，恐慌先生不是隨機挑中我的，其實我一直在召喚他。會引發恐慌症的十種原因，大約有九種我都達到了。我跟家人處不好、情人處不好、快速轉換環境，在完全沒有心理準備下，只是因為薪水高，突然就搬到洛杉磯，即使我一點也不喜歡大城市。

醫生問我：「你原來的樣子不好嗎？為什麼要為別人而活？」還問：「你媽是不是對你有很多期待，老希望你做到她想要的樣子？」我覺得奇怪：「醫生，你跟我老媽是好朋友嗎？你怎麼知道？」

從小到大，老媽就不滿意我的成績，即使在外受到欺負，老媽都覺得是我的錯。讓我永遠在考慮別人的感受，忽略掉自己的，甚至別人脫我的褲子，我也不敢表現出憤怒，還說謝謝。

我不喜歡吃某些東西，我媽就會逼我吃。不喜歡彈鋼琴，我媽逼我彈；不想念大學，我媽逼我念；長大後，女朋友逼我毀掉畫作，我也照做。我發現很多事情，即使我心裡不願意、不喜歡，但為了討那個人喜歡，我還是會去做。其實我不需要揹別人的擔子，我可以說「不」。拒絕並不是壞事，也不是對別人的不禮貌，而是讓自己有自尊。

要學會保護自己，為自己畫出情感的界線。不管是工作、父母、愛情、朋友都一樣，將自己的界線畫出來，讓對方知道，我的原則就在這裡喔！你不能跨過來喔！

那一刻我才認識真正的我：「我不是完美小孩。不是完美男人。」我得接受事實。

用這種態度接納自己後，我開始看到自己的問題。我發現跟Sherry的愛情，其實受到我那唯一的愛情寶典《花花公子》雜誌影響，我對女孩子的價值、標準，有了奇怪的定義，以為上床就是愛情，火辣的身材、美麗的容貌就是愛情，為了這些，我可以賠上自尊，忍受不合理的要求。

復原之後，我告訴自己，我必須對自己誠實，不要打腫臉充胖子。

決定不要如此在乎別人看法後，我有了很大改

變。因為不在乎別人眼光，我更有自信表達自己，口才也變好了。以前害羞、內向，是怕人家知道真實的我，可是現在，我會想，又怎麼樣呢？別人怎麼想我，很重要嗎？他可以承擔我人生的快樂、痛苦嗎？如果不行，我為何要這麼在乎？

不是有句話說「人的苦難就是上帝的開端」？因為這些折磨，才讓我蛻變，也因此，我找到了自己的插畫創作風格，後來也才有勇氣離開好萊塢，追逐自己的夢想。

1995年，我的現場人像寫生作品。

1995年，我在奧蘭多的藝術咖啡館跟酒吧進行現場人像寫生，我不敢讓當時的女友知道我在進行這個工作，否則她就會跟我分手。

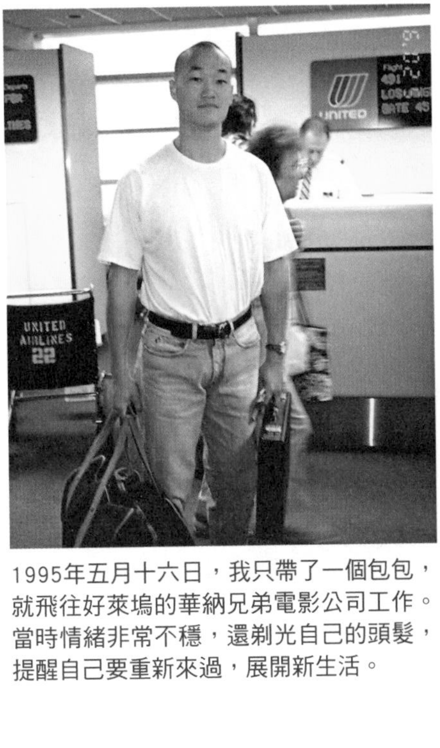

1995年五月十六日，我只帶了一個包包，就飛往好萊塢的華納兄弟電影公司工作。當時情緒非常不穩，還剃光自己的頭髮，提醒自己要重新來過，展開新生活。

幕後SOP（二）先配音再動畫筆

迪士尼動畫前製期

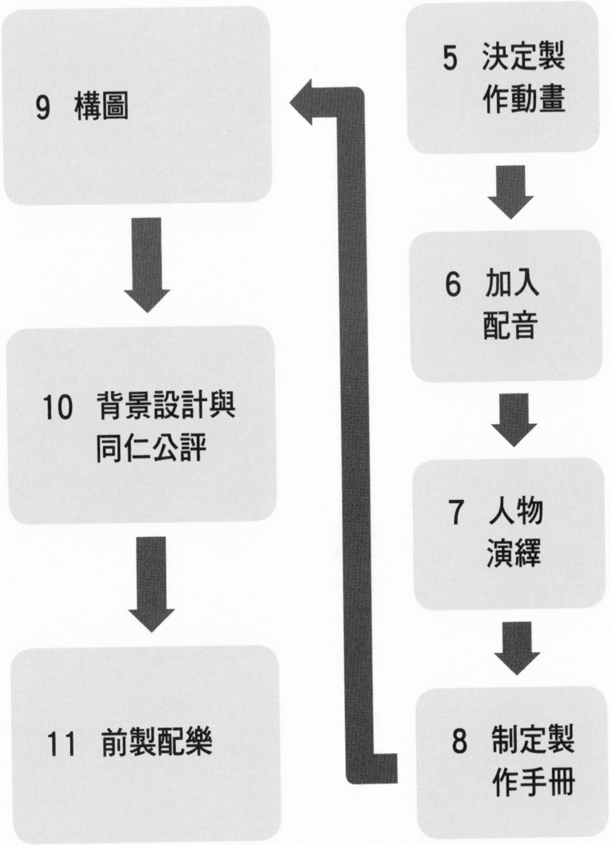

5 決定製作動畫

歷經兩年劇本研發，一年前製期，類似漫畫的分鏡腳本與故事版也出爐了，導演跟幾個動畫師便開始簡單設計人物草稿。根據劇本描述，用幾個線條，稍微勾勒出辛巴的模樣、舅舅的長相以及獅子王爸爸的外貌，非常初階地畫出小獅子。

這還不是完整的人物設計，只是先測試人物的風格與個性。真正的人物設計，到了下一個階段，會由人物設計師來進行。

為了增加草稿想像力，我們會稍微測試幾個主角的聲音，配上概略的音效，製作成簡單的故事版。

這個故事版與之前一版不同，已經加上人物與聲音，主要是協助老闆們評估，適不適合繼續發展故事？如果要拍攝成動畫，要用何等規格製作。

在迪士尼，動畫電影攝製分為A、B、C三級。迪士尼重點發展的動畫當然是A級，最具賣相，會花上一億美元以上的製作費，《美女與野獸》就是A級動畫電影。

下一個等級的B片，是迪士尼認定的「有發展潛力」，投資金額不如A片，但也有八千萬美元，《阿拉丁》就屬於B片等級。

至於最低的C片，是「仍有投資價值」的動畫電影，也有六千萬美元的製作費用。

歷經三年的琢磨、修改，迪士尼老闆終於拍板決定拍攝《獅子王》，不過並非特別看好，列在C這個等級，但對我們製作團隊來說，花了這麼多心力，終於把這個劇本從垃圾桶邊緣救回來，只要能繼續往下發展，就有希望。

6 加入配音

敲定劇本後，接著就開始尋找配音演員。很多人以為動畫都是先畫好，再由配音演員看著動畫人物配音，這是日本動畫的做法。迪士尼則是反過來，先配好人物聲音，再著手繪製動畫。

這是迪士尼動畫之所以精緻的地方，角色說話的嘴型都必須搭配得上聲音，所以一定要先有配音，動畫師才能生動畫下嘴形。在演員配音過程中，我們會錄下他講話的嘴形，再對照配音演員的嘴形畫畫。

尋找配音演員大約需要三到六個月，製作團隊與導演，也已經花了將近一年多時間，設計、釐清每個動物角色的個性、表情，也具有一定的共識，甚至大家腦海裡都會浮現出獅子王爸爸大概就是誰的長相來，所以都是按照特定形象挑選配音演員。

以獅子王爸爸為例，不光是這個角色的靈魂，就連眼神神態，是胖是瘦，毛色如何雄偉，我們都已經有初步雛形。配音就得跟這樣的形象配合，嗓音必須渾厚，聽起來有分量感，說話節奏沉穩固定，讓人有王者風範之感。

壞舅舅講話同樣有分量，但舅舅是小獅子的親戚，所以聲音要溫馨，同時具有邪惡感，不像獅子王爸爸那麼純粹、直接，要帶著不停試探別人的氛圍。

這個角色比較複雜，所以花了一番工夫尋找配音演員。我們從以前的電影尋找，將幾個可能的演員聲音抓下來，搭配在故事版上，看看能不能與角色契合。

曾經演出《烈火情人》的知名演員傑若米．艾朗聲音豐富多變，成了舅舅最終人選，他演技傑出，光是站在配音室配音，就能投入角色情緒，表情、演技都是一流，因為他的配音演出，我們在繪製舅舅時有很大靈感，使這個陰沉多變的角

色有更豐富的表情呈現。

主角辛巴從小獅子慢慢蛻變成獅子王，所以聲音也得隨著成長而有變化。我們找了二十位以上的小朋友嘗試配音，由聲音起步，來更加確定辛巴這個角色的個性特質。小辛巴的配音員聲音帶點鼻音，稚嫩調皮，他的名氣不是主要考量，特質吻合角色性格最重要。

決定好配音演員，就請每個配音員針對所扮演的角色，進行聲音調整與說話方式訓練。每個角色講話的音調、節奏都不能重複，各自顯現出各自的特色，融入角色情緒。

就跟正式拍攝電影雷同，配音時，導演會在一旁指導，仔細聆聽演員的聲音表現，要掌握角色的情緒起伏。像獅子王爸爸死的時候，聲音就必須表現出失望、沮喪，導演會一再要求配音員精準透過聲音演繹情緒，必須做到讓人即使閉上眼睛，都可以透過聲音，融入劇情。所以配音演員得重複講一句台詞非常多次，用各種方式測試最好的演繹層次。

也因此，配音演員在配音時，完整投入角色，五官、身體、手勢都會跟著比劃起來，跟真正演戲一樣，我們動畫師就趁機觀察他們的神態，甚至錄下這些神態，作為繪製角色時的參考。

配音扮演了角色表情演繹的重要功能，觀眾仔細觀察就會發現，很多動畫角色，長得就是配音演員模樣。這樣聲音與角色才能完美融合，搭配動畫，才能富有靈魂。

7 人物演繹

完成配音，我們才真正著手進行人物設計。這個部分通常有三到五人團隊負責，主角、配角各有專人設計，情緒與動作與個性、表情的融合，都由動畫師一一繪製出來，大概要花一整年時間，才能完成所有人物設計。

製作《獅子王》時，人物設計與演繹很困難，所有角色都是動物，他們的神態必須擬人化，又不能太過誇張，才能讓觀眾自然接受這種結合而不突兀，這就嚴格考驗動畫師的創意與觀察功力了。

很多人類會有的表情，動物並沒有，你能想像獅子失落、大笑、若有所思的各種神態嗎？動畫師必須觀察真人表情，再嘗試將這個表情套用在獅臉上。

這也就是人物設計之前，得先請配音演員配音的原因。當配音演員投入角色，會自然演繹出情緒，可以幫助動畫師將演員的五官特色、情緒表情安置在動物角色中。

因此雖然鳥還是鳥；獅子還是獅子；野狗還是野狗，觀眾就是可以在野狗的臉上找到琥碧．戈柏，因為她的嘴唇又厚又大，是她五官裡最具特色的地方，只要將嘴唇放在野狗臉上，自然就會有「這隻野狗長得很像琥碧．戈柏」的感覺出來。鳥也是一樣，配音演員羅溫．艾金森的眉毛特別厚、鼻子很大，我們將他配音的黃嘴犀鳥加上厚厚眉毛，特別凸顯脖子、嘴巴，看起來就像個大鼻子。

我們將配音員講話時的五官、神態都拍下來，讓動畫師看到演員講話時五官各種不同變化，動畫師必須要仔細研究，鳥生氣的時候會不會挑眉？狗說話，嘴唇擺動的幅度是如何？動畫師得一遍遍重複觀看配音演員說話的各種模樣，甚至連嘴形的AEIOU的變化，都得仔細觀察。細緻到這個程度，才能畫出演員的生命。

參考人的表情，進而套用在動物身上，才能讓觀眾感覺到這隻獅子不是人變的，而是獅子本身自然而然具有人性，迪士尼要求一定要達到這個境界，才能讓觀眾投入角色情緒，也才會被這個故事感動。

真人的觀察主要是在表情演繹上，而實際上動物的各種動作表現，還是得真正仔細觀察動物得來。

繪製《獅子王》期間，動畫師辦公室樓下都會擺放不同動物以供觀察，有一陣子，天天有獅子被圈在樓下走來走去，我們就去研究獅子的各種動態，邊看邊繪製獅子不同舉動的各種版本，有時一看就是一整天。

除了真實的獅子外，常常還需要看《動物奇觀》這些錄影帶來補足缺少的動態部分。比如說獅子打架，一般不會發生在動物園的獅子身上，只發生在非洲大草原，在獅子交配前夕，公獅子會打架搏鬥，看誰能成為獅子王。

《獅子王》故事裡好幾個重要場景都有獅子打架的畫面，動畫師反覆研究獅子怎麼打架？四隻腿是用什麼方式出拳？肌肉線條又如何跟著出拳拉扯變化？爪子怎麼伸出來的？光是一個簡單的揮拳動作，我們就會觀察上百次，才能真正模擬出獅子出拳的樣子，畫出來才有真實臨場感。動畫不是截取一個畫面就好，得連續針對不同場景進行構圖設計。

為了繪製小獅子辛巴在奔跑中成長的畫面，我們特別去找《動物奇觀》錄影帶中獅子奔跑的段落，單單一秒鐘我們就錄了一兩百個不同的獅子奔跑模樣，來回不停觀看。觀察獅子奔跑時的動作與重量如何移動變化，獅子的頭怎麼下去的？如何甩動？腳伸出去的幅度如何？爪子怎麼樣往前勾再往後走，獅子跑起來，鬃毛怎樣飄動？動畫師得仔細研究這些細節，重新消化再演繹，絕對不是直接照抄真實獅子的動態方式，要搭配故事裡設定的獅子性格、情緒。這是很不容易的藝術表現。光是一隻獅子，投入的研究精力與時間就非常驚人。

幸好迪士尼在動畫上已經有近一百年的歷史，長久以來主要訴求的對象就是小朋友，幾乎每部動畫都有動物角色，為了解決每次繪製動物擬人過程中，遇到的類似困難，迪士尼早就將解決方案的經驗留存下來，製作成一本《動畫繪製天書》手冊。

《動畫繪製天書》可說是迪士尼的無價之寶，就放置在迪士尼圖書館的無塵室中，過去所有動畫包括小木偶、白雪公主的製作手冊都存放在裡面。這本手冊清楚描述了許多動物包括貓、狗、老虎等的繪製過程，我們平常不能隨便翻閱這本書，只有在繪製階段有需要的動畫師才能提出申請，約好圖書館管理員，同時會有幾個人陪同動畫師一起翻閱，翻閱過程中還得戴上白手套，以免汙損了這本天書。

這本書保存太多實用的動畫電影祕密，我在迪士尼工作時，非常喜歡翻閱這本天

書，所有迪士尼動畫精華盡在其中，都是以往保留下來的手工畫作，非常精緻美麗，每份草圖、每條線條，都是無價之寶，可惜現在電腦化後，已經沒有這種手工草圖了。

前頭提過，動物擬人化過與不及都不能生動表達角色的情境，在繪製《獅子王》大量的動物時，我們頻頻遇到困難，後來在《動畫繪製天書》中看到許多細膩的解決方案，其中有關動物擬人化最自然的指導原則就是：「觀察利用動物原本的肢體動作」。

於是小辛巴爸爸過世時，為了表達小獅子的落寞感，我們回頭翻找《動物奇觀》錄影帶，發現在饑荒期有獅子餓死片段，活著的獅子會用頭去頂死亡同伴的屍體，看看同伴有無反應。其中有隻小獅子低著頭，看著就是非常難過的模樣，繞著同伴屍體幾圈，走到母獅子身旁，臥下後整個蜷縮起來。

這一幕讓我們大受感動，這比原先所想利用下雨等等老套情境的表達更高明，也解決了不知該如何表達小獅子臉部表情的大問題。

獅子面對的情境、動態解決之後，接下來就進入每隻獅子的人物形象設計上。這裡有三種必須兼顧層次的挑戰：真正獅子的原始模樣、表現獅子不同的情緒、融合獅子的人物性格。

同樣先從舅舅這個突出的人物開始。舅舅的個性陰森、深沉，這樣的形象通常不會有太大動作，因為做每個動作之前，他都會仔細思考、琢磨，所以不管什麼狀態，放在舅舅身上，就得縮小動作幅度。為了凸顯舅舅的陰險感，在設計他的眼神時，我們特別將圓圓的眼睛畫成偏向三角形，菱角的眼神會讓人有恐怖感，而眼睛內的色彩，則會隨著他的不同想法變化，有時發出紅光，有時還會出現恐怖綠光。

我們最後很巧妙地將蛇的特徵放進舅舅的形象裡，因為蛇在人的印象中就是陰險、狡猾，動起來唏唏唏地滑動。所以舅舅走路緩慢、靈巧，有時候，舅舅突然出現人的模樣，腳變成手，會用爪子把辛巴勾過來靠近講話。這是故意將不協調的變化感放在他身上，一來讓觀眾有不同驚喜，二來暗示舅舅潛藏不同的多變性格。

為了暗示舅舅的陰森性格，我們還會特別設計他老是躲在陰影裡，即使背景充滿陽光，舅舅還是習慣窩在陰暗之處，讓觀眾一看到舅舅，老覺得這隻獅子不太對勁。

這些細膩的細節暗示，在在都要誘導觀眾的潛意識想像，一旦舅舅完全顯露出壞人本性，就不會讓觀眾覺得突兀。同時讓觀眾比劇中人提早嗅到不對勁的蛛絲馬跡，等到答案揭曉時，觀眾就會有「我就知道」的成就感或焦急感，在觀看電影過程中產生參與。

另外像辛巴這個角色是從小到大的轉變，設計上比較複雜，得考慮成長的改變，又要顧及角色一致性。小時候的辛巴好奇心很重，喜歡到處探索，一心想要成為跟爸爸一樣偉大勇猛的獅子，可是力量與能力都還不足，只能活在爸爸的保護下。

這樣性格的辛巴，設定上跟很多青少年一樣，所以也會有比較叛逆的表現。然後再從叛逆中學到教訓，變得成熟。

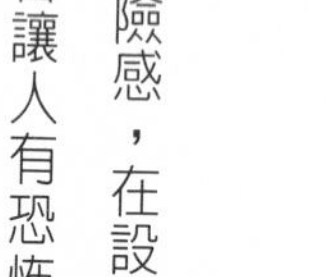

我們回到獅子最經典的奔跑動作去思考，發現奔跑的舉動，最能快速、簡單將辛巴的成長過程帶過去。於是我們設計辛巴不同時期的奔跑方式，小時候的辛巴，肚子圓圓胖胖，重量都在肚子上，所以跑的時候是整個肚子往前晃動，腳再跟著肚子力量擺動。

長大的辛巴則不同了，胸部的肌肉已經鍛鍊出來，圓圓的肚子也不見了，這時候的奔跑，就非常震撼，四隻腳跑起來節奏非常精緻，整個胸肌像男人一樣隨著腳步飛快移動，往前晃動。

為了讓觀眾在短短幾個鏡頭中，不需要太多語言解釋，就能快速理解人物的個性與特質，動畫師群就這樣花了長達一年的時間，完整設計人物細節，如此一來，後面的詮釋才能順暢進行。

8 制定製作手冊

人物設計小組完成設計後，就會與電影風格、顏色、故事版結合，列出一本詳盡的製作手冊。

因為迪士尼的動畫製作團隊非常龐大，總計共有一千五百名工作人員參與《獅子王》製作，必須有嚴格的規範準則，告訴這一千五百個人該怎麼著手繪製，以確保大家畫出來的風格、形象都統一。

這個手冊光針對一個人物的繪製描述就有二十頁，會詳細列出這個人物吃東西、跑步等各種不同神態的模樣，同時還會有喜、怒、哀、樂等不同表情神態的標準。《獅子王》的主要角色共有十個，所以單是人物介紹，就有兩百多頁，再加上其他顏色、風格的配置，這本手冊厚度相當驚人。

一千五百名工作人員每個人手上都有這一本工作手冊。拿到手冊後，我們會先讓每個參與的動畫師試畫，依照手冊指引，將每個角色的五官、表情，各種喜怒哀樂變化，嘗試畫在好幾張紙上，對照確定大家的風格都能夠統一後，確保這本手冊的指示夠清楚、實用，才會進行到下一階段。

9 構圖

動畫電影跟一般電影不同，拍攝之前完全都是空白的，每個場景都得從無到有，靠著動畫師一筆一筆畫出來，可說是完全的創作過程。

人物完整後，接下來就是每個景的安排，故事版只決定了顏色配置，到了這裡，我們得畫出每個景的構圖，決定人物進入電影畫面時怎麼走位？鏡頭從哪裡取景？光線怎麼打？陰影往哪裡跑，都得在這裡一一決定。

在進入細部的場景安排前，我們會先訂出若干準則，作為整部電影的遊戲規則，這樣觀眾在無形中就會逐漸跟著電影的規則走。比如說，獅子追尋夢想時，一定向左邊走；遭遇危難，一定向右邊走。所以觀眾看電影的時候，無形中就會適應這種方向暗示，看到人物往左邊走，就會覺得有未來希望；往右邊走，就會不自覺感到緊張。

《獅子王》影片中，獅子王爸爸在天上出現跟辛巴說話，獅子王爸爸的影像一定在左邊，辛巴就會放在右邊，這樣辛巴的方向就是往左邊走。這樣觀眾潛意識中接收到的是一個具有未來發展，充滿希望的場景，觀眾會開始對下一場抱持期待。

辛巴被牛群追逐，牛群就放在畫面左邊，朝向右邊追辛巴的位子，辛巴則是由左往右跑，這樣的狀態出現幾次，無形中就暗示觀眾，這是有危險的狀態。影片背後的電影構圖理論，就是希望藉由一致性的構圖安排，牽引觀眾的情緒。

10 背景設計與同仁公評

確定基本構圖規則之後，就得針對每一場背景進行設計。動畫裡的背景就是演員的舞台，所以背景決定不能太強烈、豐富，否則就會搶掉主角光采，但也不能單調無聊。

《獅子王》的背景設計不容易，因為故事設定在景色變化不多的非洲沙漠，端賴動畫師發揮創意。我們誇張化獅子住的地方，用一塊很大的石頭來表現，同時王位的部分則是一個突出的三角形石頭，凸顯這個位子的重要性。

每個景確定之後，就得考量怎麼把人物放進這個景裡，也就是所謂的「出場」。每個人物的出場我們都思考再三，要在什麼樣的情境下將這個人物介紹出來，才能讓觀眾對於人物的地位、性格、背景一目了然。

獅子王爸爸的出場，我們幾乎嘗試了上百種風格，有在大草原奔跑、坐在王位上，或者狩獵的，思考再思考，最後決定在他出場時，搭配上音樂，強化獅子王爸爸的地位。

這個音樂要能夠一直延續爸爸的出場，接連帶著小獅子辛巴出現。一開始獅子王爸爸從王位上看下去，有很多動物服從的畫面，慢慢切換到帶著小辛巴在草原上打獵，順理成章，辛巴也隨著出場了。這樣就符合了KISS簡單、笨的原則，在三分鐘內，非常快速介紹完獅子王跟小兒子的故事背景。

本來我們想用同樣出場音樂的方式處理，讓舅舅在打獵的過程中首度出現，可是這樣就會形成三個主要角色重疊，會淡化舅舅的重要性。同樣我們嘗試了近百種方法，最後讓舅舅的出場接在歡欣的幾幕畫面後，突然有一幕陰森森的場景出現，這樣比較能讓觀眾感受舅舅即將扮演的角色。

每個場次的繪製、設計與選擇都是漫長而艱辛的。對於重要的場景，我們會一

再利用故事版，嘗試畫很多不同版本，最後挑出三、四樣覺得最好的設計，再交給一千五百位工作人員共同投票，選出最好的一種。

在製作過程中，每個星期二、三的下午一點半，我們會把所有動畫作品的製作進展放在公司裡的電影院裡，重複播放五次。迪士尼所有人都可以過來看，有什麼意見可以隨時跟導演反應，或者寫email給導演或部門主管，大家都可以自在表達意見。

我認為迪士尼工作精神最精華的地方，就在此處，每個人認定自己是團隊的一分子，希望作品更好，所以不會介意別人給出更好的意見，而提出意見者也不認為自己把點子貢獻出去只是成就他人，或者擔心給錯意見。在迪士尼，作品被否定是很正常的，畢竟每十個完成的劇本，真正能拍攝成動畫電影的只有兩部，高達八成的否定率，讓大家視拒絕為家常便飯。

《獅子王》製作後期，來了幾位台灣動畫師，迪士尼要我帶他們，跟他們相處後，我發現華人不擅於分享，擔心自己的意見不被接納，也害怕別人比自己強，所以不太敢表達看法。

可是迪士尼非常注重團隊精神，我們都希望別人比我們強，這樣才會一直有更好的點子加進來，作品才會愈來愈好。

這也是因為動畫電影是整個製作團隊的作品，不是某個人的成就，迪士尼才會盡量用開放方式，採納各方意見，這在電影製作過程的很多階段都會出現，尤其是構圖階段。在這個階段，已經可以看出電影的雛形，如果能即時修改，就能減少將來繪製完成後修改的費用。

一切工作進行到這裡，已經是第三年了，都還在「研究」，尚未真正進行拍攝，也就是說，截至目前為止，我們所有工作成果，觀衆都看不到，即使已經畫了上千甚至上萬張圖，都還只是草稿階段。

剛進入迪士尼工作，我一直覺得很不可思議，花了這麼多時間、金錢還有人力，卻還一直在研究，做些銀幕上看不到的東西。往後我才慢慢了解到，這些過程對一部成功的動畫電影有多重要，前面的工夫花得愈深，後面的失敗就能減到最低。迪士尼非得要確定所有細節都已完備，才會進入真正的拍攝階段。

11 前製配樂

要多動畫注入真實的生命，是在第三年之後，也就是最後一年的動畫電影拍攝期。一部動畫電影都得花費這麼長的時間研究、努力，何況是一個人的人生發展？我後來發現，自己的成長過程就是少了這樣的「研發階段」。老爸、老媽不假思索地就將我丟進升學念書的壓力，卻沒有花費時間好好「研究」我這個人，究竟有什麼樣的天分與才華？適合以什麼樣的方式教養？才會讓我這樣一個注定畫畫的人，莫名其妙痛苦學了十年鋼琴，也差點淹沒在學校的課業、考試裡。

如果說，我的貴人就是能協助或辨識我真正內涵的凱斯老師，那麼讓《獅子王》從C咖變A咖的大貴人，就是艾爾頓．強的音樂。

設計出顏色、人物，我們便開始設想如何注入音樂。這個程序和很多電影製作將配樂擺在最後不同，我們在前製作時期，就開始設想音樂的搭配。在動畫電影中，音樂可以牽動繪製動畫的靈感，讓動畫師設計出更多精彩畫面。

《獅子王》就是很好的例子，我們請來英國知名音樂創作人艾爾頓．強為《獅子王》製作配樂。才看到顏色跟基本人物設計，艾爾頓．強就開始寫歌，歌曲一出，我們竟跟著靈感泉湧，強化了動畫師對《獅子王》的感情，畫出來的畫更加精密、有生命感。

可以說，艾爾頓．強的音樂將《獅子王》以及所有製作團隊的質感，都往上拉高了一層。迪士尼老闆佛蘭克．威爾斯聽了歌後，更是大受感動，影響他用不同眼光評估《獅子王》，他認為有艾爾頓．強音樂加持，《獅子王》一定會大受歡迎，於是將拍攝層級從C片拉高到A層級。

拍攝資金加碼到一億美元後，原本的製作團隊也擴大，更多更好的藝術家加入工作，本來不是那麼精彩的《獅子王》，因為受到重視，也變得愈來愈有意思。

1990 Interns
Front: Vincent LaCava, Joe Pepe, Max Howard, Frank Gladstone, Barry Kooser, Travis Blaise & Tamara Lusher
Back: Tony Cipriano, Phil Noto, Davy Liu, Jame Parris & Samantha Lair
THE MAGIC OF DISNEY ANIMATION

1990年六月，實習三個月後，我正式成為迪士尼的動畫師。這是我們在佛羅里達的迪士尼動畫工作室前的合影

1990年，我成為迪士尼動畫的藝術總監，負責版面配置，當時我們的部門只有三個人，我們在閒暇時，會下西洋棋放鬆一下。這是我們在製作《美女與野獸》時合影。

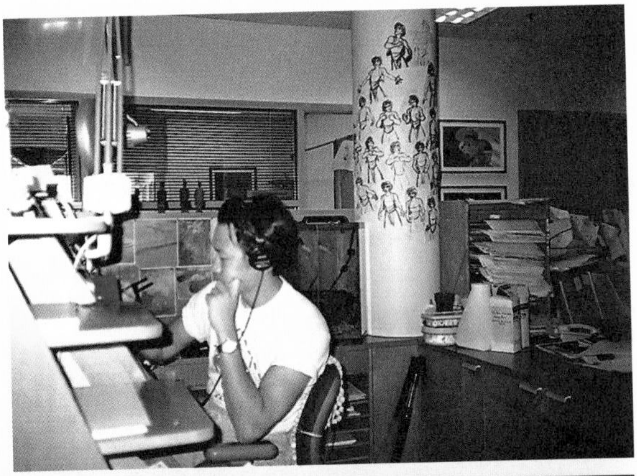

1991年，我正在進行《阿拉丁》的動畫製作。

1990年，我在迪士尼實習結束時，提出的動畫製作提案，跟其他人只繪製動畫不同，我自己設計了故事的風格走向，還加入七張背景設計，完整呈現整個動畫故事。

1991年迪士尼位於美國奧蘭多的《美女與野獸》製作團隊。

· 第四幕 ·

好萊塢星光燦爛

走出困擾的恐慌症，我才真正享受好萊塢的生活，那真是充滿星光、派對，生活在電影裡的夢幻經驗。

我上班的地方就在好萊塢影城，到處都是非常大型的攝影棚。當時正在拍電影《芝加哥》，真的蓋起芝加哥般的攝影棚，大到可以放好幾台波音客機。一轉彎，就來到紐約，自由女神、帝國大廈，應有盡有。再下一個轉角，就到了義大利。

隨時都有明星正在拍戲，這邊看到《急診室的春天》劇組，那邊是《六人行》珍妮佛・安妮斯頓在賣咖啡。再走下去，超人跟蝙蝠俠正在拯救世界。我生活在充滿豐富視覺刺激的環境裡。

沒拍戲時，這些場景，還真的變成員工消費的地方，《六人行》的中央公園咖啡館，真的可以走進去買咖啡。西部牛仔酒吧，真的有在賣酒，非常有意思。

有時候，中午出去吃飯，回來的時候會發現整條街封起來，明明是大太陽，前面卻有暴風雨。蝙蝠俠那台超神奇的車子，轟轟地發動，從前面衝過去。

到了晚上，這些攝影棚變成派對場所，稱之為「Crash Party」，只要有好萊塢員工證，可以隨便進去吃喝玩樂，我們可以進去《六人行》的公寓辦派對，也可以到蝙蝠俠的豪宅跳舞。很多漂亮女生都想進來體驗，所以擁有好萊塢員工證，非常神氣，可以約到許多美女。

隨時都會有明星跟你擦肩而過。我有健身習慣，所以經常在健身房遇到大明星。在我旁邊跑步的就是阿諾・史瓦辛格，他一次可以拉十幾次單槓，大氣都不

會喘一下。克林・伊斯威特也是健身房常客，我常常跟他一起跑步。瑪丹娜則有專屬健身教練，幫她鍛鍊身體各部位的肌肉。

經歷華納，我再度被挖角進入喬治・魯卡斯的《星際大戰》團隊，進行場景設計。我非常興奮，這可是所有電影藝術家的夢想，可以發揮很多創造、幻想。

除了設計，我們還常常被找去當背景演員，透過電腦，不停複製，非常有趣，所以仔細看《星際大戰》，可能會發現有兩三百個我站在後面。這樣說來，我可也是上過好萊塢大片的人呢！

一邊工作，另一邊我開始思考自己的未來。我始終沒有放棄插畫工作，想要找到自己的風格。田納西的那一年，我一張插畫才賣五十元美元，後來慢慢地，可以賣到兩、三百美元，偶爾還可以登上一級雜誌。

這樣還是不夠。很多報社、雜誌找我，是因為用不起大牌插畫家，他們拿大牌插畫家的作品給我，要我臨摹他們的風格，畫出插畫來。複製幾次別人的風格後，我告訴自己，要做就必須做到最好，一直臨摹，充其量只是「畫匠」而不是「畫家」。

我不停錘鍊自己的插畫風格，不停地思考，連睡覺都在想。嘗試各種媒材，包括報紙、葉子、布、玻璃等，所有日常生活上可以找到的素材，我都拿來嘗試。我想要仿照中國剪紙藝術，加上希臘的設計方式，以及畢卡索抽象畫的感覺，融合起來。用水彩、筆跟剪貼，慢慢處理，最後放棄水彩，全部用刀子割，經常整個手指頭都是傷痕，滿手是血。

獲全美最獨特插畫獎

接到插畫邀稿時，有幾次，我順利爭取用自己風格的插畫，大約每三張，只有一張會被錄用，我不放棄，迪士尼的訓練教會我，被拒絕是很正常的事，因為害怕拒絕，或者遭受拒絕而放棄，就絕對不會有成功機會。

一九九六年，恐慌症痊癒後，我突然發現，自己的畫風有了確定。大約因為了解自我缺點在哪裡，反而更清楚定位，具備自信。我看看自己的插畫，覺得已經準備好了，於是預備了二、三十個樣品，印好放在大信封袋，附上簡單的自我介紹，寄給美國十家最大的插畫經紀公司。

三個星期後，最大的一家經紀公司回信了，我把這封信反覆讀了無數遍，開心得不得了。經過了四、五年摸索，在插畫上，我可以勇敢當劉大偉了。

之後我一邊在動畫公司上班，晚上回家接插畫案子，對每個機會都全力以赴，繼續嘗試、摸索更多更新的表現手法。雖然幾乎沒有休息時間，可是能夠每天與自己的創作在一起，還有什麼比這個更加幸福？

進入二千年，經紀人將我一幅插畫，送去參加比賽，順利得到「全美最獨特插畫獎」，那可是插畫界的奧斯卡獎。我自己都覺得不可思議，經紀人告訴我，旗下這麼多插畫家，他們覺得我的風格特別酷！

這一年，我才三十一歲。

成為全美國最受矚目的插畫新星，《時代》雜誌指名要我的插畫，巴爾的摩市長直接打電話給我，請我幫巴爾的摩繪製插畫。

幾年前，我一幅插畫收取五十美元，專門臨摹別人的作品，誰能想到，現在我一幅插畫，動輒可賣三千到五千美元不等。我要求自己，不能一直做熟悉、輕鬆的事情，得不停推翻原本的劉大偉，革新我自己。

革新何處尋？我把創意應用在生活裡，而創意也是來自生活。

有天我整天都站在街角，專看人們怎麼走路。先是看到一個老太太過馬路，她全身珠光寶氣，身邊還跟著傭人，看起來就是個富婆。老太太頭抬得高高，屁股稍微翹起來，真是一副有錢人的模樣；有人推著輪椅慢慢滑過去；有人頭先往前伸，屁股再跟上；有人屁股左右甩；還有人像蝸牛慢慢地走。

觀察、觀察、再觀察

看完走路的樣子後，我還會研究人的五官，每個人過馬路的表情都不一樣，非常有趣，一看我就看傻了眼，就這樣待在街角一整天。

這些表演完全免費！一天下來，我大概在腦海裡記錄了五十種不同走法，每個人都有不同的走路風格。大部分人把這些細節看得理所當然，對我來說卻是視覺的蒐集，在腦海裡記下這些神態，將來都是很好的創作素材。一個畫家隨時保持靈感的方法，就是永遠在搜尋素材，我對視覺的感受很強烈，都是用眼睛拍照的方式，來記憶這個世界。

大自然也是好老師，我很喜歡觀察動物，也愛看樹上那些奇怪的昆蟲在搞什麼東西。就跟我小時候研究蛆一樣，即使到現在，那樣的好奇心，我到現在都沒有停止，這是我最幸運的地方，讓我一直保有學習空間。

我常常去潛水，海底真是靈感寶庫，好像去外太空一樣，海底

非常安靜，生物緩慢移動，可以用心去感受這個世界的美。尤其是晚上，不同的海底生物會出現，用手電筒一照，大海裡最深最黑暗的地方，突然現出光明，有些生物就會突然蹦出來，都是些平常看不到的種類，根本就是《動物奇觀》真實版。

直到現在，我還是喜歡養各種動物，牠們的眼神傳達出情緒，也會哭，也會笑。我在迪士尼的辦公室就隨時養著動物，不是熱帶魚就是蛇、青蛙，畫得眼睛累了，我就去觀察牠們，看著看著，又會有靈感出來，再回去畫畫。

因為喜歡觀察別人忽略之處，旅行時，大家喜歡看觀光景點，我偏偏愛逛怪地方。到法國，大家看巴黎鐵塔，我跑到農村看看人家的生活模樣，對我來說，這才是最具有當地內涵文化的地方。農村裡充滿故事，我愛看那裡的人怎麼穿？怎麼擠牛奶？早餐吃些什麼？對我來說到處都是靈感。

尤其是古蹟，充滿歷史刻痕，一看就很深刻。我會看到一個城牆的磚塊就看傻了，心裡面浮出一堆畫面，開始想像辛苦的工人，可能還是銬著鐵鍊的罪犯，怎麼慢慢搬動磚塊，砌上去；

幾年後，炸彈轟炸過這裡，逃難的人群踩過它，還有人痛苦地在磚塊上爬。我就坐在那裡想像，這個磚塊很快讓我的心裡充滿靈感跟故事。

光是觀察還不夠，常常我還得創造一些笑點，讓我的生活故事豐富起來。保持一點惡作劇調皮的心態，這也是我的優勢。

不管走到哪裡，我的口袋裡都有一支雷射紅點筆，演講時常常用上，但也不光是隨時要演講用的。我常常坐飛機，常常在機場排隊。我將紅點點到處晃，看看身邊的小朋友怎麼反應，每個小孩的反應都不一樣，有人看到就想踩；有人以為眼花了，不停揉眼睛；還有人拉著爸媽要找射出紅點的人。

有一次一個小女孩對紅點的反應非常激烈，紅點一靠近她就跑，我就讓紅點一直跟著她，她跑遍了整個大廳，紅點還是不放過她，她乾脆大哭起來。還有一個小男生，看到紅點就想打，我把紅點射在他媽媽屁股上，小男孩就往媽媽的屁股用力打下去……。

我的太太看我這樣玩，常覺得我精神不正常。但因為這個紅點，我的腦海中存了好多小孩子好奇、可愛、懼怕、生氣的模樣，將來要畫到小孩子的表情，素材都有了。

我隨身攜帶的還有暴牙。有次我帶了美國團隊到中國畫畫，繞到市場去買些紀念品，攤販看我一表人才，不像本地人，開價一百人民幣。我轉頭離開，再將暴牙裝上去，戴上老花眼鏡，戴個舊舊的藍色帽子，繞回去用當地口音問：「這多少

錢？」攤販說：「兩元！」

有了那次經驗，我發現暴牙超好用，到處戴。在台灣我也試了一次，我戴了暴牙，跑到檳榔攤問賣檳榔的阿嬤：「你這個檳榔吃了會不會對牙齒不好？」邊說還邊將大暴牙露出來。我試了好幾攤，每個人的反應都不一樣，看到暴牙的剎那表情，實在太有趣了。我完全帶著調皮的心態去測試別人，得到的回應對我來說非常有價值。

調侃迪士尼CEO

在好萊塢，萬聖節是非常重要、有趣的節日。我們會舉辦「最佳裝扮」比賽，大獎是夏威夷五天四夜遊，好萊塢又是特效、道具大師雲集的地方，可想而知，萬聖節的裝扮大賽有多精彩。

我也不想錯過這個機會。在萬聖節前兩個月，我就開始構思，到底要什麼裝扮才能突出受歡迎？當時好萊塢傳聞，迪士尼有兩位大董事，一個矮冬瓜、一個大暴牙戴眼鏡的高個兒，長相非常有特色，有次為爭奪職位，兩人在辦公室打起來。那個場景光用想的都覺得好笑。

我突發奇想，想到中國民俗表演裡的「老背少」，就是一個人扮演兩個人，透過道具來演繹。我每天下班，就趕回家做道具，整整花了兩個月設計、製作，在萬聖節當天，因為道具太大，還請朋友幫忙搬去好萊塢。

那個下午，我們在好萊塢一個很大的攝影棚裡比賽，現場共有八百個華納員工參與。我一出場，大家看到兩個誇張、漫畫式的迪士尼老闆的臉，都笑翻了，我一人分飾兩角，演出打架戲碼，用我自己的手踢自己的下半身，爆笑到不行。

比賽結束，我果真贏得最大獎，可以免費去夏威夷玩五天，這個演出，後來變成好萊塢的新聞。很多人把錄影畫面PO上網，成為當年最熱門的好萊塢話題。

很多人寫信給我：「劉大偉，這個一定要到迪士尼演一次！」

隔年，我回到迪士尼工作，又是萬聖節裝扮比賽，我想到這個道具，半夜躺在床上，自己一個人笑個不停。不知道哪根筋不對，我決定到迪士尼CEO面前表演一次，讓當事人看看。就算老闆翻臉，我也覺得很爽！

裝扮比賽在大草原上舉行，有幾千名員工參與，我又如法炮製演了一遍。我一出場，大家都笑翻了，掌聲如雷，還登上當地報紙。隔天，迪士尼的CEO特別寫信給我：「等我生日，希望你到辦公室來，演給我看。」

那個被取笑的老闆，後來還特別到我的辦公室，恭喜我得到萬聖節大獎，他說：「我想見見模仿我的人是誰。」現在想起來，我的臉皮真的厚到不行啊！

第三年萬聖節，我進入《星際大戰》的工作團隊，又想要在這裡耍耍看，主要是想測試大家的反應。當年的獎品是兩萬美元的電腦，比賽規則很特別，沒有裁判，就是現場五、六千人一同觀賞，誰的演出獲得最多、最大聲的歡呼，就得

到大獎。

《星際大戰》的道具、化妝組都是世界一流的，他們將外星人做得維妙維肖，可是那年我這個動畫師，卻靠著這個諷刺劇，再度拿下冠軍，成為好萊塢歷史上最成功的萬聖節裝扮，至今，好萊塢工作人員仍念念不忘，連喬治・魯卡斯也哈哈大笑。

幽默感是西方人很重要的特質，迪士尼的大老闆佛蘭克・威爾斯對我的諷刺並不介意，也許，這也是西方動畫特別不同於東方的原因。所以，他們有《阿甘正傳》，可以調侃很多人事物，在娛樂事業，甚至生活中，幽默感是幫助嚴肅事物走進人心的催化劑。

1995年，我在華納兄弟與《怪物奇兵》的製作團隊合影。

1997年，每到週末，我會擺設攤位，打扮成奇怪的樣子，去販賣我的插畫作品。

迪士尼老闆打鬥的「老背少」，在1996年華納兄弟的萬聖節派對，贏得最佳裝扮獎；1998年也讓我得到迪士尼萬聖節派對的第一名，以及1999年喬治．盧卡斯製作團隊萬聖節派對第一名。

1997年，我在迪士尼工作時的《亞特蘭提斯》動畫視覺呈現作品。

1997年，結束了華納兄弟的工作後，我再度回到迪士尼團隊，擔任《亞特蘭提斯》動畫的分鏡設計師。當時我加入了紐約的經紀公司，他們幫我接到了重要媒體的插畫工作。

1998年，我為《星際大戰》最新小說繪製的封面插畫。

2000年，我成為年度最佳插畫家，這是登上《美國櫥窗》封面的插畫作品。

2000年的插畫作品：日與月。

2001年的插畫作品：母性。這是用纖維、碎布、回收雜誌、鉛筆跟油墨等綜合媒材創作出來的。這幅作品的靈感來自當時風行的裝飾藝術跟中國剪紙。原作已經賣給迪士尼執行長收藏。

1997年《時代》雜誌刊登的插畫作品：時間在流逝。

2001年，為史丹福大學出版的文章〈宿舍室友也可能是謀殺你的人！〉所繪製的插畫作品。我的挑戰是，如何讓這個黑暗的議題，用有趣、陽光的方式呈現在讀者面前。

2005年，我在Nordstrom Mall的個展跟客座講座會場上。

幕後SOP（三）動畫師上場

迪士尼動畫拍攝期

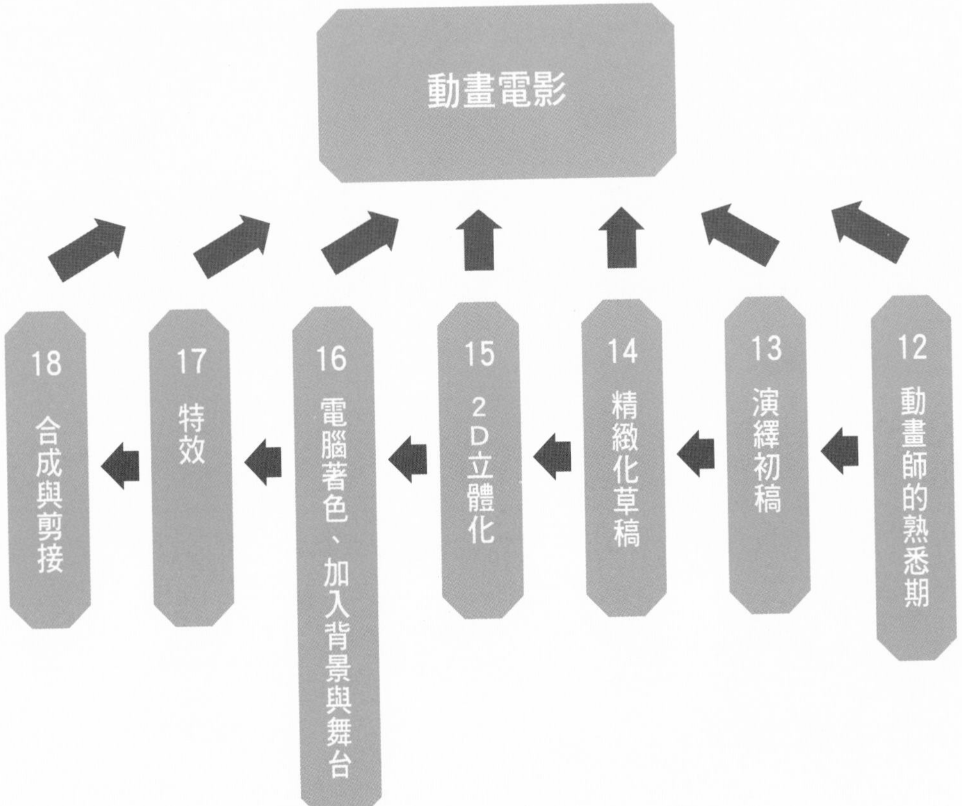
動畫電影
12 動畫師的熟悉期
13 演繹初稿
14 精緻化草稿
15 2D立體化
16 電腦著色、加入背景與舞台
17 特效
18 合成與剪接

12 動畫師的熟悉期

經過三年的前製作期，電影終於開拍。這時候動畫電影中最重要的演員「動畫師」就要粉墨登場！

一般電影是由演員演出角色，動畫電影則是透過動畫師，把角色畫在紙上。所以動畫電影的演員就是動畫師的眼跟手，動畫師透過觀察、思考，再經由手創作出人物來，藉由繪畫賦予角色生命。

我們繪製《獅子王》的時候還未電腦化，獅子的每個動作、面部表情到毛髮飄動，都要倚賴動畫師一筆一筆刻畫出來，整個工作細緻到不行。動畫師要非常清楚獅子的各種面部表情、手勢，才能做出完美演繹。

為了達到這等境界，動畫師在電影開拍前六個月開始熟悉獅子，每天的工作就是看獅子，放在一樓的獅子、《動物奇觀》的獅子、人物設計出來的獅子……。每天觀察獅子的各種神態，細微到獅子眼睛怎麼眨？

眼球轉動的方式，奔跑時每根毛髮怎麼飄動？腳伸出去其他肌肉又是如何接連被牽動等等。

動畫師必須把這些小細節深深刻畫在腦海裡，實際繪製時，才能將獅子的各種神態轉化成一張張具有生命力的圖畫。

動畫中每個角色都有四名動畫師負責繪製，要讓這四個人混合成一個人演出，創作出來的作品才會一致，培養團隊默契非常重要。畫辛巴的四個人天天都在一起互動，吃飯在一起、工作在一起，一天二十四小時，只有睡覺時間各自回家，剩餘時間全混在一塊兒，才能讓四個不同想法的人，擁有一致的思考方式。

為了加深記憶，這四人小組還會學著演出獅子的眼神、手勢、動作，內化成自己的一部分，到最後根本就是獅子王上身，無形中每個畫獅子的動畫師講話的樣子、走路的神態，都感覺像獅子。在畫獅子那段時間，動畫師看起來就像隻披著人皮的獅子。

某部分來說，這跟演員演出電影時得投入角色，變成演出角色中那個人是一樣的道理。

13 演繹初稿

變身成獅子，我們就進入正式的演出創作。不過完美的動畫演出不是一次到位，必須分階段慢慢往上堆疊。

最開始演繹的初稿，只有簡單的線條素描，勾勒出人物形態，所以我們會看到一張張各種不同樣態的素描稿。

為了精準傳達獅子神態，負責初稿的動畫師桌邊隨時都會有小獅子模型，模型四肢可以轉動，目的就是能夠隨時觀察、模擬獅子的各種動態。

初稿看似簡單，卻是動畫裡的精華，因為要利用幾個線條生動表達獅子的神態，需要深厚的繪畫功力。迪士尼雇用的動畫師一定得具備扎實的素描基礎，如果基本功不夠，就無法運用鉛筆線條簡單卻翔實地勾勒出角色樣態。

也因此，負責這個階段的動畫師都是迪士尼內頂尖的高手。

14 精緻化草稿

每一秒鐘動畫需要十二張概略的初稿，我們會從這裡篩選出最好的六張，重新繪

製成乾淨精緻線條的草稿。

這六張草稿再往下傳，由下一個階段的動畫師繪製成一秒二十四張的圖片，讓畫面流暢地動起來。這是經過精密計算後的結果，根據統計，眼睛可以看到最快的動作就是一秒二十四個，超過這個數量，再多也沒有用，少於這個數字，就會感覺動作有些停頓，不夠順暢自然。

迪士尼早期的電影像《白雪公主》，一秒也是二十四張，雖然畫面仍然非常精緻，但就沒有後來的《獅子王》自然的流動感。

這個精緻化的階段就是讓初稿的每個動作更加細緻，透過快速播放，我們已經可以看到獅子動了起來。

15 2D立體化

創作《獅子王》當時還沒有3D電影，最多就是2D的立體空間。當每秒的

動作一一完成後，我們就要一一檢視，將每個動作加入立體的想像與設計。

比如說，獅子奔跑的時候，毛會順著風吹的方向往前、往後飄動，我們拿很大的電風扇去吹放在一樓的獅子毛，將毛髮飄動的模樣錄下來，回去不停的慢動作重播，仔細研究每根毛髮飄動的模樣。

然後再將這些動態毛髮加入精緻化的草稿中，如此一來，每個動作的細節就再堆疊上去，層次、動態與立體感又往上提升了一階。

16 電腦著色、加入背景與舞台

演員的部分處理好了，接下來就是背景與表演舞台的部分。

在前面的故事版與分鏡階段，我們已經決定好每個場景的顏色配置，以及每個場景的構圖，所以這時候要依照前面的製作手冊，為每個分鏡畫面，進行完

整舞台設計。將原本簡單的背景線條勾勒，詳細繪製出來，就像畫精緻的風景畫一般。

我們將背景一張張著色後，再經由導演看過、同意，這些背景畫才會進到攝影棚裡面，變成一個版面。由導演決定每個版會有幾個鏡頭，每個鏡頭又將停留幾秒。

比如說，這個沙漠的景，小獅子辛巴會在一點零三秒的時候從左邊入鏡，十三秒後，跑到下一個版去，辛巴轉過頭來，眼睛裡面含有淚水。

每個動作、表情什麼時候發生，什麼時候結束？又是在哪裡動作，都得在這裡一一決定。

同時這裡也要決定鏡頭的角度，辛巴跑進來了，攝影機要由上往下拍，跑出去就得從後面往前帶。我們甚至會在畫面旁將攝影機畫出來，去確定拍攝的角度。導演在這裡就像是故事版的藝術家，在繪製好的版上取景，設想由哪個角度拍攝，會讓畫面更有力量。

確定好這些背景元素，我們就將前面已經製作好的人物輸入電腦，與背景融合，讓人物開始在背景裡根據原先規劃好的鏡頭角度產生動作。

這就等於讓演員走進設定好的景裡面演戲。

演員與背景融合、拍攝完成後，就進入特效階段，火光、閃電、打雷、下雨，一陣沙飄過來，這些都是特效部門要處理的工作。

還有最重要的影子。

動畫師繪製人物，只專注在人物的演繹、表演，還沒有加入光線的安排。不過在故事版階段，已經決定了光線投射的角度，所以人物搭配進來後，就得隨著光源畫上影子的變化。影子不是全黑的，也有亮的影子跟暗影，人物動作時，影子也會跟著變化。

音效的部分也會在這裡處理，總共有六、七個人專門負責各式各樣音效，比如說閃電打雷的聲音，獅子吃東西的聲音，奔跑的聲音等。有時我們會特別錄製自然的聲音，有些則是利用特別道具製造出音效。垃圾桶、鼓、掃把甚至洗衣板，各式各樣奇怪的東西都可以在特效室裡面看到，都是製造各式各樣聲音的道具。

像《獅子王》裡面的獅吼，因為太逼真，很多人以為是真的獅子吼聲，其實是配音員對著垃圾桶吼，利用

垃圾桶的回音，逼真模仿了獅子吼聲。

18 合成與剪接

合成階段就是將所有背景、特效、動畫，在電腦中合成起來，一千五百人經過四年耗盡心血的藝術創造，就在這個時候結合了。

這個階段同時會進行最後修改、確認。每個鏡頭合成後，我們會一場場討論，針對不完美的部分進行修改，修改的幅度會細到鏡頭的角度、背景樹木葉片的晃動方式等。這些修改看似微小，卻影響整部片子的品質。進入這個階段，每修改一個鏡頭，就得花至少一百萬美金的費用，因為動一小部分就得連結所有部門，從頭到尾把所有拍攝流程再跑一遍，迪士尼對此不會手軟，願意針對不完美的地方，一步步確實修改、確認。

每個鏡頭合成、確認沒有問題之後，就會進入最後的剪接階段。一般動畫電影播出時間約七十分鐘，實際上我們會製作出大約一百分鐘以上的長度，讓導演最後

夢中的巨葉

有修剪、調動的空間。

這個階段差不多要花上兩個月，剪接結束後，整部電影就算是完成了，《獅子王》這個正式片名，也在這個時候出爐。

兩週內，《獅子王》影片拷貝了四千到五千份，就等著在全美國正式上映了。

·第五幕·

勤勞蟻

經歷過千般琢磨，《獅子王》終於開始綻放它的光芒；經過全美最獨特風格插畫獎的加持，《時代》、《生活》、《商業週刊》、《運動月刊》……，幾乎在街角報攤看得到的雜誌，都有我的作品。我的工作滿檔，光是插畫工作都接不完，我離開盧卡斯的團隊，自己成立工作室。

幾年之間，名氣倍增，收入攀高，我得到一座又一座的獎，閃閃發亮擺滿家裡，比原先計畫要花十年時間琢磨還來得早。只是田納西的陰影仍然隱隱作祟，一旦沒有名片、沒有知名的夥伴光芒，劉大偉的價值還存在嗎？

一九九九年聖誕節前夕，我在超市買了一包餅乾，因為太甜人，我咬了一口後，將整包餅乾丟進垃圾桶。隔天早上起來，一條條的螞蟻高速公路，沿著垃圾桶蓋了起來，螞蟻多到把整包餅乾密實地包了起來。

這實在太有趣了，我蹲下來，仔細觀看這些螞蟻一條條辛苦搬運餅乾的過程，心裡突然想：「螞蟻怎麼知道這裡有餅乾？」ㄟ，應該是昨天半夜，有隻勤勞的螞蟻，辛苦了好久，終於找到這包餅乾。對螞蟻王國來說，這包餅乾簡直是新大陸，所以更多螞蟻在勤勞蟻的帶領下，出動搬運。

堪稱螞蟻王國第一名的勤勞蟻，此人生有這樣的成就，死後會有人幫牠蓋金字塔，到了聖誕節大家會為牠寫幾首老歌，牠的功績，在螞蟻界一定可以被寫入的歷史課本裡。

可是，在我看來，這根本沒有什麼啊！我跟勤勞蟻說：「螞蟻先生，恭喜你，

不過你別驕傲，這包餅乾是我不要的垃圾，在我家廚房裡，還有更讚、更豐盛的食物喔。」

勤勞蟻回我：「不可能，這包餅乾大我幾百、幾萬倍，已經是我所見過最豐盛的東西了。」

看著勤勞蟻如此肯定，我搖頭歎氣，差點笑出來：「廚房裡有個冰箱，不只有餅乾，還有牛排、雞排、三明治、冰淇淋，什麼好吃的都有。都是你這輩子見都沒見過，也沒聽過的美食呢！」

是玻璃珠？還是鑽石？

我不停描述各種豐盛的食物，勤勞蟻先生一點都聽不懂，牠不以為然說：「我才不信有什麼冰箱，我人生最有成就的，就是這包大包餅乾。你看！這麼多螞蟻都在我的發現下，跟隨我來到這裡。」

真的不蓋你！各位正在稱讚我的努力有成果的讀者們，就在那一瞬間，我看到自己，在上帝眼裡就是那小小勤勞蟻！

我一心追求的奧斯卡獎，在上帝眼中，應該跟勤勞蟻看中的餅乾一個模樣，其實微不足道。還有許多我想像不到的豐盛，在我看不到的地方，但不管上帝如何描繪，我就是不能理解，我的智慧如同勤勞蟻，只看得到眼前的餅乾。

每日匆匆忙忙，我在好萊塢做這麼多事，到底為什麼？往回頭想，我還是沒有逃出爸媽的陰影，老媽當我大石頭、玻璃珠，我就要用頭銜和獎項證明自己是閃亮亮的鑽石？

我在老媽肚子裡已經死掉，又活過來；溺在海裡本來已經死掉，又活過來；陷入恐慌症，本來已經死掉，三度活了過來。

上帝留我這條命，就為了追求冰冷的獎座？三度劫後重生，我的人生是個特別的禮物，我應該讓自己的生命變成更多人的祝福，用生命幫助更多生命，我想到希臘籍的美術老師，她改變了我的人生，這比得奧斯卡更有意義。

一旦開始思考，就停不下來：如果我繼續在迪士尼上班，晚上加班以及退休金，我這一路畫下去，直到六十多歲退休，應該可以有一千萬美元，讓我安心活到七、八十歲，過完

一生。

我真要拿剩下的二十年、三十年，去換這一千萬美元嗎？追求金錢就是我人生下半場的目標嗎？我仔仔細細想著，時間真能用金錢買？我原本就有動念，離開迪士尼後，想做不同的東西，想要畫畫、旅遊、說很多心裡的故事給別人聽。

我的心底冒出聲音：「那你幹嘛不現在去？What's holding your back?」我說：「我會怕……」離開這裡，明天會怎樣？在迪士尼，我滿肯定一週會有三千美元收入，突然錢不進來了，我會恐慌，沒有錢吃飯，也靜不下來畫畫。

剛剛勤勞蟻不就是這樣，只看到眼前這包餅乾，不肯追求更好的遠景嗎？老天不會讓我餓肚子的，如果我真實跟隨我的心……。

創業路迢迢

人生下半場，三十年換一千萬美元，跟實現一個夢想，我該選擇哪個？我的聲音告訴我，人生的目的，超乎有沒有飯吃，身為一個畫家，我追求的，不是成名，或者死後畫放在博物館裡供人瞻仰。我想要的，是有人因為我的畫受到感動，在生命低潮、徬徨時，能給予力量，讓他獲得祝福。那麼，這個畫才是無價的。

一隻勤勞蟻，讓我發現努力追求虛榮外表的假象。

要離開迪士尼很不容易，我掙扎了六年，一旦離開，可能又成nobody。可是，當我換個心態，把一切當作追求自己的天命時，充滿使命感，就像凱斯老師常對我講的：「Davy, you can do it!」。

我成立了Kendu動畫公司。

決定創業的過程，非常寂寞，夢想的道路，的確孤單。身旁親近的人，對我的夢想都很殘忍，不願意認同。老爸、老媽覺得我是瘋子，放著高薪的迪士尼工作不做，實在太愚蠢。一度經濟上撐不下去時，他們也不願支持我。

我賣掉原有房子籌得四萬美元，拿來投資我的夢想，著手進行Kendu的第一部動畫創作。

九一一打擊美國，恐慌先生也回頭再找上我。

二〇〇一年九月十一日，兩架飛機炸進雙子星大樓，也炸進每個美國人心裡，那之後的幾個週末，全美教會大爆滿，參加禮拜的人潮，不停從教會門口湧出來。

事件發生時，我人在蒙古畫畫寫生，看到新聞報導，一開始還不太相信，回到美國後，九一一的威力，開始慢慢侵蝕我的生活。

美國經濟一下子跌落谷底，我的插畫工作突然少了很多，原本的明星身價也跟著垮掉，跌到谷底。沒有插畫工作、油畫又賣不出去。第一任太太離開我，維生的工作慢慢沒了，我開始感受到，人的品格會因為恐怖感，一瞬間垮台。

我的墮落就從這裡開始。

我埋怨上帝對我太殘忍，當初我呼應他的感召，才決定走向天命道路，可是上

帝好像不支持我，一直給我殘忍打擊。

白天忙碌的在電腦上畫畫，晚上我流連色情網站，在網路上找到跟我一樣寂寞的人，一起彌補人生的失落感。可是我沒有因此平衡，內心還充滿汙穢的罪惡感。我感覺上帝真的離開了我。

我聽到心裡的聲音說：「你選擇這種事情，我不能跟你同住，你要天天放縱自己，就是背離了神。」

恐慌的警報器響起，我猛然驚醒，我開始承認我需要幫助，我是個充滿罪惡的人，非常痛苦，我需要有人可以幫助我，遠離這些罪惡。

我發現，當我勇敢承認自己不ＯＫ的時候，其實就開始ＯＫ了。

唯有認真看待自己的不ＯＫ，ＯＫ才會來，也才有復健、療癒的開始。

我聽到自己內心的聲音說：「劉大偉，玩夠了嗎？你覺得高興嗎？要回家了嗎？」

我再度跪下，回答自己：「謝謝恐慌先生修理我，我明白一切都只是暫時的試煉。」

當我願意懺悔，聖經又開始對我講話，我看到〈馬太福音〉裡的故事：有一個人看了一塊地，想要買下來，身邊的人非常反對，因為那是無法耕種的荒地，一點都不值錢。可是這人卻非常堅持要買下來，他開心地回家賣光所有財產，買了這塊地，因為只有他看到地底下的黃金。

這個買地的人就是我，我看到未來的夢想，有如閃閃發亮的財寶，可以影響很多人，造就很多人的幸福。上帝要我把擁有的財產賣掉，好去買那塊地，我卻很生氣，覺得上帝拿走我的一切，對我很殘忍。

突然間，我懂了，付出與收穫，追求夢想的成本以及堅持，這些都是事前的代價，離開好萊塢之後，我以為應該一帆風順，結果不如預期，我不停埋怨，居然如此脆弱、不堪一擊。我放聲大哭，喊著：「我願意回家，我想要回家。」

那是離婚後的第三年，我第一次這樣大聲哭。

離開好萊塢後，我其實到處碰壁，我拿著劇本找投資商，被拒絕了十幾次。大家只想要我畫《獅子王》。你知道迪士尼老闆華德．迪士尼的故事嗎？身為記者，他被報社評為「最缺乏創意」的員工，換了家報社，一樣被開除，一連被否定好幾次。華德決定要畫動畫，剛開始也沒人理睬他，他兜售動畫時，甚至被羞辱、欺負，終於有人肯買了，卻開了很低的價錢。華德終於創作出米老鼠，他知道這個東西很有價值，堅持借錢也要將米老鼠的動畫做出來，造就了之後的迪士尼動畫王國。

《哈利波特》這本書也是被出版商拒絕了三十幾次，才終於成功出版，締造銷售傳奇。

Kendu三年的碰撞、低潮，像一把無形鐵鎚，不停捶打我，把我內在的障礙拋光，我才懂得轉個彎。既然還沒有資源拍成動畫電影，我可以先做繪本，用更精緻的方式呈現我想說的故事，吸引投資者。

我的第一個繪本叫《夢中的巨葉》，故事源自於聖經故事挪亞的方舟，挪亞憑著對上帝的信心蓋方舟，也不知道會有多少動物來，只是傻傻地蓋，即使沒有看到一滴雨水，挪亞還是擁有信心，努力地蓋可以容納各種動物的方舟，以防範洪水。繪本裡的主角因為在夢中見到巨大的葉片，因而走上追尋旅途，最後才見到真實的方舟。

這個故事在我腦中盤旋很久，故事裡有各式各樣的動物，這樣的故事可以跨越藩籬，創造出新賣點。我不斷思考，如果把挪亞換成動物呢？用純動物的眼光與角色來說故事，會不會產生更有趣的效果。

有天我在家裡打掃，一打開吸塵器，家裡的貓嚇得躲了起來，我想幫牠吸些毛球，牠死也不肯出來。在牠的世界裡，吸塵器應該是可怕的怪獸，牠不躲開就會整個被吸走。

這跟挪亞方舟很像，一開始動物看到龐大的船停在陸地上，應該會充滿恐懼。我將方舟改成妖怪，一連改了七、八次，想揣摩出動物第一眼看到方舟的真實感受。

我花了兩年時間完成劇本，過程中不停修改，還自己製作問卷，分給身邊兩、三百個人，有迪士尼與教會的朋友、老師、大學生等。我列出十個不同問題，大致繪出方舟的形狀、風格，讓大家看看，這樣的故事有沒有吸引力。

結果有五十個人對結局感到困惑，於是，我將原本進到方舟前就看到巨葉的主角小狐狸改掉。開始琢磨，一定要讓主角看到夢中的巨葉嗎？如果要，那是一開始就看到？中間看到？或者最後才看到呢？

我推敲了好久，往回想，尋找巨葉是這個小狐狸的夢想，夢想有不同的歷程，追尋的過程中會有不同的回饋。但不管怎樣，只要踏上旅程，就已經在夢想中了，身在其中的人，可能不知道自己的夢想有多巨大，但是漸漸地會發覺，那一步步踏過來的足跡，都是夢想的堆砌。所以巨葉應該是在過程中出現。

剛開始進行得很順利，華納一看到劇本，就將版權買下來，可是，夢工廠正在進行《埃及王子》的故事，同樣源自聖經。華納考量，同時間兩個聖經故事的動畫，可能會造成觀眾混淆，所以延宕了下來。

兩年後，版權期一到，華納仍舊沒有拍攝的意思，我便將版權收回，Kendu動畫公司只有我一個人，根本做不到拍攝的工作。發愁了半天，我決定把劇本寫成小說，再弄成繪本出版。總計，光是《夢中的巨葉》故事，兩年寫劇本、兩年寫小說、再花三年繪成繪本。

七年時間過去了，我的動畫電影，還在路上。

坎坷婚姻路

使命之路曲折辛苦，我的婚姻路也不遑多讓。第一段失敗的婚姻讓我花了四年時間不停地思索，最後找到自己的盲點，才得以跨越困難，迎來真正的幸福。

我的第一任妻子是菲律賓華僑，身材高挑、貌美，雖然不是金髮碧眼，但也符合我對美女的要求，所以交往幾個月後，她提出結婚要求，我馬上答應。

我靠著賀爾蒙跟身體做下人生重大決定，即使身邊好朋友全都say no！當時充滿對愛情、婚姻的浪漫幻想，我們飛到夏威夷舉行盛大婚禮，所有親友為了慶賀我們，也齊聚在夏威夷。沙灘、陽光，眾親友祝福，如此夢幻而不真實，我以為可以一直活在這樣的浪漫想像中。

決定離開迪士尼，太太不能諒解，她希望我有份安穩工作，我則告訴她我對人生的領悟，她想要我有豐厚的收入，我一心追求天命論。

我仍舊埋首插畫工作，一邊構思撰寫我想要做的動畫劇本，經濟上雖然不比以前充裕，但也還有餘，只是這樣的生活，並不能給我的太太安全感。

兩人的歧異還凸顯在許多生活層面向上。渴望家庭、喜愛小孩的我，一心想要有孩子，能在家裡吃到熱呼呼的晚餐，享受一家人的感覺。可是年紀還輕的她，卻不想要有小孩羈絆，柴米油鹽的生活也不快樂，甚至，她拒絕跟我發生親密關係。

這些歧異明擺在眼前，我不願意正視，用著鴕鳥心態，堅持自己當初的選擇，

要退讓、容忍，我以為不停妥協，就是通往幸福婚姻的道路。

一直到我打算到中國旅行，她拒絕一同前往，我只好一個人出發。在中國的兩個星期，我真的好開心，看到了壯闊長城、如詩畫般的江南，對我這個畫畫的人來說，開了眼界，等於把創作的心胸又更打開了一些。

我很興奮，每天打電話給太太，跟她分享旅途種種，太太卻說：「你不用每天打來，也沒什麼重要事情啊！」她的回應冷淡，我隱約覺得不太對勁。

從中國回美，太太平靜地跟我說：「你不在這幾天，我一個人過得很開心，想做什麼就做什麼，完全沒有壓力，也沒有人管我。我可能不適合結婚。」

她還告訴我，她覺得性關係是骯髒、汙穢的，她非常不喜歡。過去跟我親密，都是在假裝。這個打擊非常大，我認為我付出很多，她不想工作天天在家看日劇，我也一直包容、忍讓，難道我這樣做還不算是個好男人嗎？

我拒絕離婚，直到她說：「那麼，還有幾個月我就可以拿到綠卡了，我們能不能說好，到時候再離婚？」

我心灰意冷，原來她跟我結婚要的只是綠卡，我決定立即離婚。消息傳到老爸、老媽耳裡，傳統基督徒的他們，完全不能接受：「基督教家庭，沒有離婚這件事！」

我看著老爸，無奈地問他：「可是，老爸，我們結婚一年半，都沒有性關係耶……。」

老爸整個人跳起來，拍桌子：「怎麼會這樣？我跟你娘，結婚四十幾年了，都還有！」一旁老媽面紅耳赤，半句話也說不出來。

嚴肅傳統的老媽，在這種場合中，讓我老爸給洩了底。其實我心裡很開心，那一刻雖然只有短短的一下子，我們親子終於也有坦誠的時刻。至少我可以確定自己是爹娘親生的。

離婚打擊很大，聖經教導「愛是恆久忍耐、包容、恩慈。」結果還是失敗？

我一層層面對心境。一開始內心充滿被欺騙的憤怒，前妻對我根本沒有真心，她利用了我。憤怒發洩過後，下一個問題是：為什麼我會被沒有真心的人吸引？當初為了跟她結婚，我甚至跟反對的好朋友拒絕往來，我到底在想什麼？

我會因為女生穿涼鞋，發現她的腳不漂亮等等這些奇怪理由，跟對方分手，卻在美麗的女性劈腿、辱罵、冷淡我的時候，選擇忍耐。

我愛的只是美麗的外表，這就是我的愛情觀。慢慢地，我發現我不夠了解自己，所以我不知道要找什麼樣的對象，也不曉得怎樣的人適合我？長得漂亮這件事，怎麼會是找對象的首要條件？人的外表隨著年齡變化，是變動、不可靠的東西，唯有人心與本質才能確保一段感情不會變質。

溫柔的順服

愛情不是單行道，必須彼此付出與珍惜，這個答案，我想了四年才終於明白，沒有情感連結的勉強關係，人生只會更寂寞。

決定再次結婚，連生活習慣的差異，我都考慮進去。在文化上華人還是比較契合，我還希望彼此能夠有共同信仰，信仰占我生活中很大一部分，彼此不能沒交集。

一旦想通有了這樣的醒悟，我當然就希望可以在教會找到另一半。我直接跟牧師表明：「我想要找到伴侶，可是我對自己的眼光沒自信，以前都用不成熟的眼光看別人，現在我想放下過去，抱持開放的心態。」

不久，牧師跟師母邀請我跟Joan到他們家吃飯。過去像Joan這樣的女生，完全

不是我的對象，她太瘦、太文靜，可是我知道以前自己不成熟，所以我願意擱下原先想法，試試看不同的可能。

幾個月後，我回到台灣跟可能的投資者洽談，那次旅程，生意沒談成，卻讓我下定決心一定要娶Joan。

我在台灣每天打電話回美國給她，跟她說明商談經過，我們聊了很多，包括我離開好萊塢四年，窮得只剩下一個夢想。

我跟她說：「我也想成家立業，可是我覺得自己對不起妳，沒有太多東西可以給妳。」

電話那頭，Joan說：「我看的不是你有多少錢，不是你的才華，而是你的心，以及夢想。我相信你可以給我幸福。」我記得我躺在床上，嘩！一聲痛哭出來，這是第一次有人這樣無條件的對待我。

從小到大，我的愛都是對價關係，要付出什麼，才能得到什麼，就算是爸媽，也一直不停提醒我，要乖、要功課好、要彈琴，才會愛我，就連上帝，老媽也常說：「你不乖，上帝就不會愛你。」

可是這個女孩子，卻願意在我什麼都沒有的情況下愛我、相信我。尤其她自己也經歷過一段失敗婚姻，受過很大傷害，還能毫無畏懼接納我，敞開她的心相信我。

這份相信，對我好重要。

英文有句話說：「don't find someone you can live with，find someone you can't live without.」Joan就是我生命中不可或缺的人。她精緻善良的心這麼美麗，是我見過最動人的美，已經超乎外表了。我知道自己不完美，可是上帝依然把這麼完美的妻子送到我身邊來。她讓我看到上帝的愛，不會因為我現在的條件嫌棄我，也不會因為我不會賺錢而覺得沒有安全感，反而願意相信我，跟隨我的夢想，看到我心裡描繪的未來。

別讓愛擱淺

很順利的我們結婚了，這次沒有鋪張豪華，我們選擇在船上結婚，幾個親戚好友前來，小小的、溫馨的婚禮，見證我們的愛情。

婚後，當然有爭吵，可是我看到她，願意去順服、跟從。對我來說，是一種肯定與安全感，讓我知道，她相信我會做最好的先生，也會做她女兒最好的爸爸。她用溫柔順服了我，讓我感到非常榮幸。

我經常想到過去的自己，提醒自己不要再犯同樣的錯誤，尤其是兩個人在一起，要接納彼此的不完美。千萬不要因為面子擺不下來，而讓所有的一切一併擱淺下來。

一個人願意把他的立場放下來，是因為要去愛對方。就算我吵贏了，氣勢上贏了我太太，可是，這算是愛嗎？愛應該是把自己放下，而不是在那裡講三天三夜只為了證明自己是對的，因為這樣，只不過證明你不愛她。不管事情對錯如何，這樣跟對方吵架，已經錯過頭了。

我們彼此用心去感受對方的愛，才知道真正的愛不是煮菜、牽手、做愛，而是愛對方的靈魂。當你看對方的內在是美的，那麼她就會愈來愈美。就像Joan相信我是個好丈夫，我就要自己更好，不要讓她失望。

愛不應該是讓環境、價值觀來貼標籤，你漂亮就標個價，有才華，價值再上漲一些，好像股票一樣，跟著外在局勢，隨時上下漲跌。愛是恆久的，靈魂與真心，這些才是永不改變的人的本質。

家裡曾發生的事情，也讓我不停的思考，怎麼一同生活了好幾十年彼此相愛的一家人，最後會變成連陌生人都不如？大家都不能敞開心胸談話，更無法提供彼此感情上的支持？

我的老爸、老媽還一直活在物質匱乏的時代，所以他們的想法就是要盡量供給小孩物質上的需求，才會把時間都花在工作、賺錢上面。老媽常說：「沒有我們這樣賺錢，也不可能送你們到美國去。」

當然我很感激後來到美國念書，才會發掘我是畫畫的劉大偉。可是在美國這些

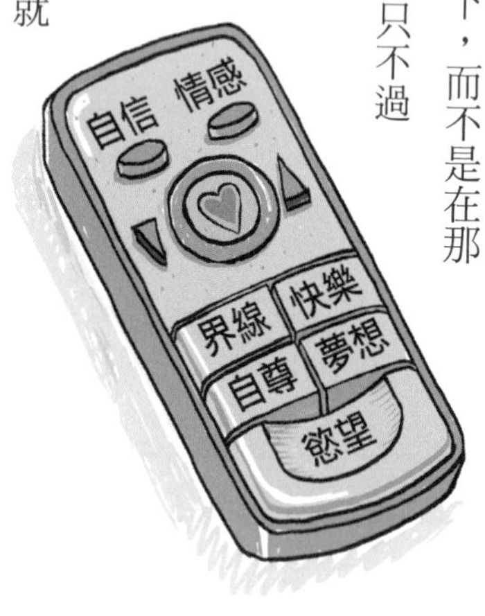

年，情感上無人慰藉，心裡經常被空虛填滿，老爸、老媽卻不知道。他們給我們的，最後都只剩下金錢與物質。

小孩是需要陪伴、情感慰藉的，家人的感情得這樣一點一滴建立起來。我的家庭療癒之路還很長，我好希望，再也不會有像我這樣跟家人疏離的小孩出現，只要父母不要忘記，親情的陪伴與支持，比任何昂貴的玩具、才藝課程、零用錢，都來得重要。

2006年，我的太太常常是我畫裡的模特兒，她常常跟著我到處展覽，既是頭號粉絲，更是我靈感的泉源。有時候我的夢想衝得太遠、太高，她會適時拉住我，我就像一只風箏，她是拉住我的那條線。能擁有這樣一個好朋友每天相伴，是我人生最大的祝福。

2005年，我的蜜月旅行，我們在歐洲待了二十一天，租了一輛車在義大利到處遊覽、到巴黎幾個博物館，還看了美麗的法國鄉間，以及西班牙的地中海風光。

PEOPLE MAKING A DIFFERENCE

Animator brings story of faith to life

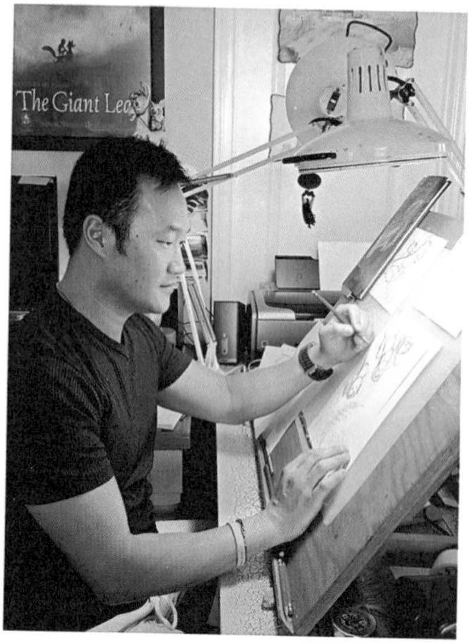

Disney veteran Davy Liu tells the tale of Noah's Ark from the beasts' view in 'The Giant Leaf.'

By CHRISTA WOODALL
THE ORANGE COUNTY REGISTER

Davy Liu has put his spirituality in print with "The Giant Leaf," a children's book that recounts the biblical tale of Noah's Ark from the perspective of the animals Noah gathered in pairs.

We spoke with Liu about his book and the faith behind it.

Q: Tell me about "The Giant Leaf."

A: When I was working at Disney animation, I had written it as an animation script. My childhood passion was telling stories from the perspective of an animal. In the Bible, it says that the animals came to Noah. How did these animals know (to go to him)? I always wanted to take a look at that creatively.

After (animating) "The Lion King," I moved to Orange County and set aside time to pursue this as a children's book.

"The Giant Leaf" is an organic revelation of God's love for all the animals. They see the visual revelation of a giant leaf floating on the ocean and know that one day they will be inside.

The main characters are a fox, monkey and koala ... All three get together, and they have a wonderful journey to find out what the leaf is about. They are challenged by "animal eaters" – they saw other animals going pair by pair inside the animal eater's mouth and have to make a decision to take their own personal risk.

The storm and rain kicks up and overwhelms them, so they take a giant leap of faith to go inside ... They found out that inside is a refuge for the animals ... When the water receded, the first animal to jump down saw that the leaf was a silhouette of Noah's Ark.

Q: When did you start illustrating?

A: When I came to America when I was 13 years old, I couldn't speak a word in English, so I had art classes and English classes. When I was in eighth grade, I won a top 20 national junior high art competition.

After I left college, I worked for Disney on "Beauty and the Beast," "Aladdin" and "The Lion King." It was the best school for me to learn how the masters do visual art in a real-life basis.

Q: You worked on some major Disney projects. Which was your favorite or most memorable?

A: Out of all of the movies, I think "Beauty and the Beast" is still my favorite. It was my first film at Disney. I had the opportunity to design sets – the ballroom, Beast's castle, the little French town where Belle lives. It was more of creating an environment.

COURTESY DAVY LIU

DRAWING ON HIS FAITH: Davy Liu worked on Disney movies such as "Beauty and the Beast" and "The Lion King."

DAVY LIU

Age: 39
Family: Wife, Joan, and daughter Sabrina, 11
Education: Studied at Ringling School of Art and Design in Sarasota, Fla.
Profession: Illustrator
Favorite book: Story of the life of Moses

CONTACT THE WRITER:
949-454-7391 or
cwoodall@ocregister.com

2007年，《夢中的巨葉》繪本在6月出版，我的人生故事登上當地報紙版面，啟發了很多家庭與學校。

2000年，我帶著畫具，第一次踏上中國，途中一切讓我深受感動，不管是人、風景跟傳統習俗，我感覺歷史課本在面前展開，於是留下了這些畫作。我了解到這些隱藏的寶藏等著我去挖掘，也感受到已經遺忘卻又深藏在靈魂裡的我的中國文化探索旅程從此開始。

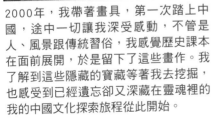

我最喜歡畫人像，捕捉人的靈魂與神態。2004年2月我的畫廊開幕，甚至有市長夫人來到這裡，寬衣解帶讓我畫裸體肖像畫。

每年夏天，Laguna海灘都會充滿藝術愛好者跟觀光人潮，這裡的夕陽跟海岸線景觀非常有名，所以很多名流都選擇居住在這裡，許多電影、電視也都在這裡取景。這裡有很大的藝術村，我的畫作在每年夏天的「露天大師展」裡展出，每年的展出品都銷售一空。

幕後SOP（四）開演

迪士尼動畫行銷期

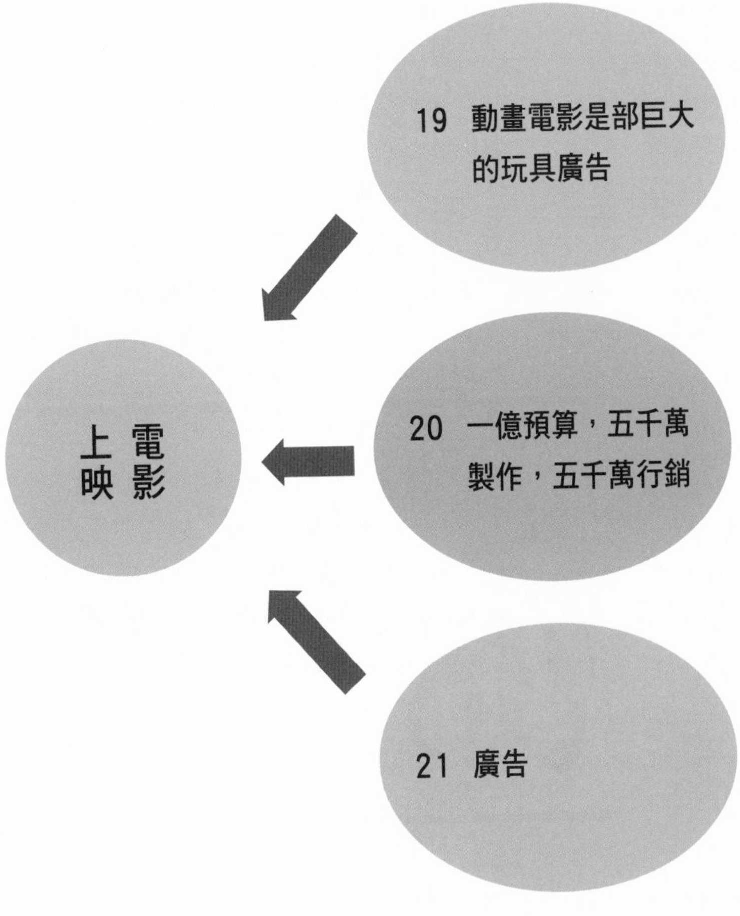

迪士尼動畫電影之所以能發行全世界，受到大人小孩歡迎，除了動畫做得精緻動人外，還有一個很重要的原因就是「行銷」非常厲害。

一部動畫電影最大的賣點在「故事」，對我們來說，不管人物造型多可愛，沒有動人故事的人物，就等於沒有靈魂，不會得到觀眾喜愛。所以我們花很多力氣在講故事，盡量讓故事溫馨、生動。迪士尼光劇本研發就花了兩年時間，可見有多關鍵。

而說故事的時候，我們就會開始設想，這個故事主要的市場在哪裡？《獅子王》鎖定的主要是北美等西方市場，我們得在故事裡加入許多西方元素，包括聖經故事、西方歷史等，讓西方觀眾很快融入故事情節。

《花木蘭》就不同了，當初在規劃期，就已經將中國市場含括進來，所以特別挑選中國熟悉的故事，而且在拍攝時，特別考量中國觀感。也因此在我這個華人的

建議下，將原本花木蘭與其他軍人的吐痰比賽，改成吐瓜子。

在故事內容時期，迪士尼就已經有這些考量，等於將未來如何行銷這部動畫電影的概念，放置在劇本裡面。

19 動畫電影是部巨大的玩具廣告

對迪士尼來說，每推出一部動畫電影，贏得好票房固然重要，可是背後更有龐大相關商品的商業利益，這才是迪士尼最大獲利所在。米老鼠、唐老鴨等卡通都已經推出快一百年了，至今還在販售相關商品。《白雪公主》在迪士尼主題樂園依然大受歡迎，動畫商品利益的延續性，讓迪士尼每推出一部動畫，都有源源不絕的商業收穫。

所以，動畫電影就是部巨大的玩具廣告，怎麼樣透過動人的故事、可愛的人物造型，讓觀眾看完願意掏錢買下相關紀念商品，這個行銷設計，與繪製精美的動畫一樣重要。

為了確保動畫人物具有賣點，在劇本研發階段，迪士尼行銷團隊就加進來，針對劇中人物給予意見。

在《獅子王》電影製作的第四年，人物設計拍板後，行銷部門就著手設計相關玩具商品，經常會來詢問動畫師，他們的獅子石膏像、模型，像不像動畫裡的角色。如果與我們的設計不同，動畫師會協助修改。

所以迪士尼的玩具商品與動畫人物的一致性與精緻性非常高，就是因為很多商品都要經過動畫師再三確認。在電影上映之前，這些工作就已經準備好了，等到電影上映，就會一併推出所有相關商品。

20 一億預算，五千萬製作，五千萬行銷

對迪士尼來說，一部動畫電影要成功，行銷與製作同等重要，所以一億美元預算的動畫電影，其實只有五千萬美元花在製作費上，另外五千萬是行銷費用。在電影製作進入第三年的開拍階段，就已經開始規劃整個行銷計畫。

龐大的行銷費用除了用在廣告上，另外就是試映會、記者會以及各種造勢活動。《獅子王》電影上映前兩週，會有試映派對，請好萊塢的明星、記者、有地位與影響力的人，還有全美國一萬個迪士尼VIP家庭參與派對。這是《獅子王》第一次正式面對觀眾的時刻。

我還記得第一次參加迪士尼首映派對的震驚情景。一九九〇年我參與的第一部動畫《美女與野獸》完成，迪士尼在樂園布置一整個主題公園，真實呈現《美女與野

獸》的電影布景，城堡、教堂、法國小鎮，什麼都有。還有打扮成電影人物的玩偶，到處走來走去。一踏進去，主題音樂在耳邊響起，彩花不停飄落，真的讓人感覺走進電影裡。

走進這個主題公園，裡面有各式各樣的遊戲，丟盤子、丟球、射擊，免費讓你玩。遊戲完了，還會有各種迪士尼公仔、玩具、DVD，讓你帶回家，每個人最後都是扛一整個麻布袋的禮物走。

香檳隨你喝，海鮮、牛排各式美食任你吃，還有麥可．傑克森這種大明星出席觀賞，拿不完的禮物、拍不完的照。真的讓人感覺到當一個動畫師非常光榮，完成了一個偉大的作品後，所有人都幫你慶祝。

《獅子王》上映時極為轟動，大家都看傻了眼，不知道獅子有這麼大魅力，成為迪士尼動畫史上最賣座的電影。

每位配音大明星都參加開幕派對，琥碧．戈柏、羅溫．艾金森盛裝出席，加上媒體、各界名人，總共有一千五百個人踏過首映的紅地毯。每個人回去的時候，手上都拿了二十多項《獅子王》的相關紀念品。

我沒想到作為藝術家，還可以有這樣大肆慶祝的機會，尤其看到自己的作品在大銀幕上播放出來，被大家稱讚，感覺真是爽快。

很多人以為動畫電影只要精緻、好看，就能受歡迎，藉由口碑慢慢將感動蔓延出去。其實在這個媒體說話的時代，如果沒有規畫完善的媒體宣傳，再好的電影都會很快消失。

我在華納擔任動畫師時，我們花了六千萬美元製作費製作一部動畫電影《鐵金剛》。這部動畫的製作費比《獅子王》多，故事也很精彩，畫風精緻動人，導演還是後來執導《超級特攻隊》以及《天外奇蹟》的知名導演皮特．多克特。

從任何一個角度看，這樣的規格、陣容都不會比《獅子王》差，可是這部動畫電影受到的關注與知名度遠遠低於《獅子王》。華納當初只願意花三千萬美元行銷，沒有做足行銷的結果，本來不錯的動畫電影，最後卻沒有成功，非常可惜。

21 廣告

龐大的行銷費用，除了花在舉辦造勢活動，在廣告上的耗費是最多的。《獅子王》上映前一年，迪士尼已經開始打廣告，同時搭配媒體採訪報導，預告將會有一部關於獅子的動畫電影出來。

到了電影上映的六個月前，本來少量但持續的廣告，慢慢增加數量，我們可以在電視短片、巴士、電影壁報上看到《獅子王》各式各樣的廣告活動。到電影上映的三個月前，《獅子王》的預告片就會出爐，網路、報紙、雜誌、電視，甚至足球場、高速公路上高至五十層樓的大型看板，都有《獅子王》的蹤影。有時候

還把整棟大樓包起來，製作大至兩百層樓高的電影廣告，讓整個曼哈頓都可以看到《獅子王》要來了。

這些巨大篇幅的廣告，很難想像要付出多少代價，總之就是陸、海、空通包了，鋪天蓋地都有《獅子王》存在。所以在電影上映前，小朋友與家長已經不斷被洗腦，養成觀眾的期待心理，等到電影上映就能引起熱潮。

迪士尼還有個厲害的行銷手段，就是現在大家很熟悉的異業合作。行銷團隊會先挑選與小朋友互動最多的商品，比如麥當勞、可樂等，跟這些產業合作，在他們的產品上印上《獅子王》，或者推出限量公仔，搭配兒童餐銷售，有時候還會推出贈票活動。

總之就是任何可以接觸到小朋友的地方，迪士尼都不會放過。

而這樣的合作，也同樣在電影上映前一年就要開始商談，等到電影上映前三個月，跟隨鋪天蓋地的行銷活動，同時推出，營造「這部電影非常熱門」、「這是大製作電影」的印象。

這麼大量的宣傳，除了觀眾外，也會吸引很多商家前來要求商品授權。《獅子王》製作後期，電影還沒上映，就有幾千萬的商家要求迪士尼授權周邊商品。

杯子、書包、鉛筆、水壺，各式各樣的生活文具用品廠商都會上門。迪士尼固定合作的廠商約有三十到四十萬家，這些商家每年都來看迪士尼推出的新動畫電影，決定要生產哪些周邊商品。所以電影還沒出來，周邊商品就已經出現在市場上。

為了確保周邊商品的圖樣與動畫人物相同，迪士尼對這些商品有很嚴格的要求。我們有一本周邊商品工作守則，清楚標示出辛巴的身材比例，以及身體各部位的顏色色號，嚴謹到光是辛巴的眼睛就有六、七個色號的編排。

等到電影真正上映，票房賣得好，又會有一波周邊商品廠商找上門來要求授權，這些商品的銷售成績非常驚人，往往超越票房收入。以《獅子王》來說，光是周邊商品就賣了兩億美元。

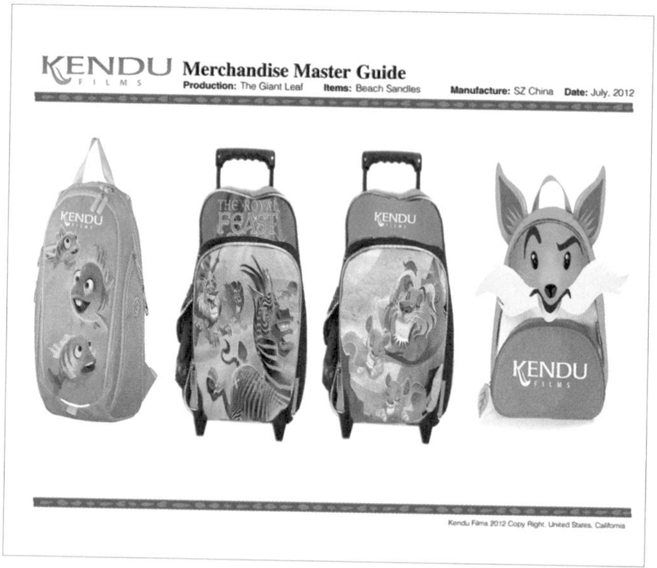

只不過將辛巴的頭印在咖啡杯、書包、尿布上，本來不值錢的商品，卻變得搶手起來，就算電影下片了，這些商品到現在還在賣。甚至後來百老匯也演出《獅子王》音樂歌舞劇，不停延續商品價值，這就是最真實的文創產業生命力。

一九九四年六月十五日，經過漫長的四年製作期，以及鋪天蓋地的宣傳行銷後，《獅子王》終於正式上映，這頭差點被丟到垃圾桶裡的獅子締造了驚人的票房成績。

當年《美女與野獸》的票房是一億美元，一部動畫電影可以賣成這樣，讓很多用了大明星的寫實電影看傻了眼。接著《阿拉丁》更是驚人，變成兩億美元的票房成績，嚇壞一堆好萊塢王牌製作公司。沒想到，《獅子王》上映後票房一路狂飆，週週占據票房總冠軍，最後總計收入高達六億美元，是《阿拉丁》的三倍！成為影史上賣最好的動畫電影，這個成績至今沒有其他動畫電影超越。二〇一一年九月，《獅子王》以3D版重新在美國上映，睽違十七年後，上映首週，居然還是躍居當週榜首。之後以《獅子王》改編的音樂劇，在美國連續十年都占據百老匯票房前幾名。這個成績連我們動畫團隊都難以置信。

很多觀眾曾經反覆觀賞這部動畫。我們統計過，有六成以上的觀眾看了《獅子王》兩次以上，甚至還有很多人看了三十幾次《獅子王》。全家都會唱裡頭的歌曲，《獅子王》成為連結全家人情感的象徵。

電影有如人們透氣的窗戶，一個可以讓人暫時逃離生活壓力，喘喘氣的地方。遭逢金融風暴時，美國所有產業營收都下滑，連最基本的餐飲業也慘不忍睹，只有電影票房往上拉。人窮了、吃不飽了，最需要的居然是看電影，可見電影結合音樂、視覺、人物、文學各種藝術創作於一身，能對人心發揮多大的影響力。

就是在這樣的利基下，《獅子王》幫觀眾做了一個美麗的夢，這是迪士尼最擅長的地方，利用動畫來滿足人需要被提拔、充滿盼望的快樂，讓每個人的夢想在影像裡都可以成真。就算電影結束，還可以買DVD回家繼續做夢，甚至還能走進主題樂園，讓自己活在夢裡。

連我自己都在《獅子王》看到自己的影子。我十三歲就被送到美國生活，沒有爸爸在身邊，雖然物質生活很充裕，情感上是匱乏的。獅子王爸爸死後，小辛巴自己一個人在大草原生活，慢慢成長，在時間流逝裡忘記自己的根。一直到在雲彩裡恍若看到爸爸說：「辛巴，不要忘記你是誰。」小辛巴才又踏上歸鄉路，追尋真正的自己。

我也不停地找尋自己，透過跟自己開會的方式，一直問自己：「劉大偉你到底是誰？你要的是什麼？」那不是老爸、老媽要我去追求的文憑，也不是長大後一分溫飽的工作，我的人生，要跟小辛巴一樣，找到我自己要走的道路。

就算本來不被看好，只要不停挖掘，找到自己這個故事的核心價值，就可以在黑暗中發出光芒，也許那亮光只像隻螢火蟲，但因為自己的內在找到了光芒，外面再怎麼黑暗都沒有關係，還是能為自己照亮前方的道路。

隨著《獅子王》的探索，我學習了世界級動畫大廠令人佩服的開放和嚴謹工作態度，也理解他們塑造生意、又影響人心的力道。我在其中種下了作為動畫師未來的一點願景，這份希望和理想，即將在接下來的事業道路上，顯現出我心中的光亮。

迪士尼動畫製作流程圖

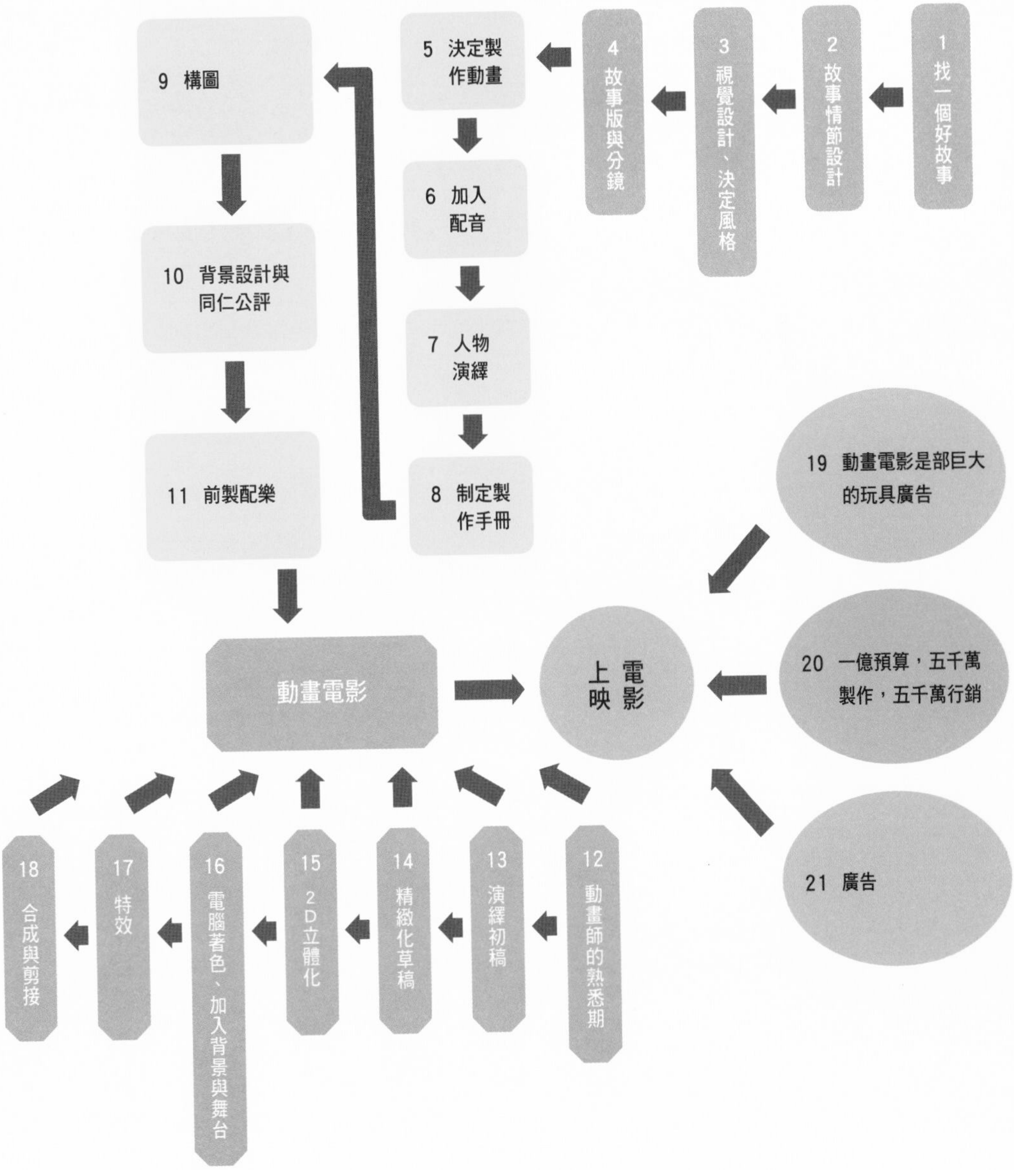
1 找一個好故事
2 故事情節設計
3 視覺設計、決定風格
4 故事版與分鏡
5 決定製作動畫
6 加入配音
7 人物演繹
8 制定製作手冊
9 構圖
10 背景設計與同仁公評
11 前製配樂
動畫電影
電影上映
19 動畫電影是部巨大的玩具廣告
20 一億預算，五千萬製作，五千萬行銷
21 廣告
12 動畫師的熟悉期
13 演繹初稿
14 精緻化草稿
15 2D立體化
16 電腦著色、加入背景與舞台
17 特效
18 合成與剪接

・第六幕・

鑽石、鑽石亮晶晶

我的第一本繪本《夢中的巨葉》花掉不少錢，用很好的紙張和印刷，沒賣多少錢，也沒找到投資商，因為投資商希望能看到一系列的書，才願意投資。表面上看來，繪本計畫沒有成功，但是很奇妙，出了第一本繪本後，我的靈感源源不絕地一直跑了出來。即使外在環境不順利，我卻覺得很興奮，一年半後，又繪製了第二本書《火魚》，講的是出埃及記，摩西的故事。

慢慢地，公司團隊建立起來了，在教會認識的好朋友Mark，看完我的小說後，覺得很有市場，自願來公司幫忙，也出錢投資。我現在的太太Joan辭掉工作，全心幫我處理公司很多事情。

至今我繪製了五本繪本，還是沒有拍成電影。不過很多投資者看到我做的繪本，覺得很精緻，很有興趣，主動上網找到我。錢開始慢慢進來，一百萬、兩百萬、三百萬。雖然距離期待要募集到三千萬美元還有段距離，但我已經看到夢想持續累積出能量來。

同時間，中國有不少人來找我合作，請我擔任動畫顧問，我跟中國動漫協會相關業界都有接觸，卻也遇到一些商人只想拿我的名字炒地皮，實際上對動漫一點熱情也沒有。回到台灣，很多投資商一開口就要我做「像獅子王」的東西，對原創劇本沒什麼興趣，他們不喜歡這些市場上沒有的材料，很怕賠錢，如果可以，不要太創新，弄些迪士尼做過的就好。

二〇一一年，我出席「杭州動漫節」，會場攤位商品琳瑯滿目，年輕學生滿

場追逐，小女生翻出行頭只為了打扮得跟日本漫畫人物一模一樣。我見了不免有些感慨，日本和美國並未占領中國，但他們的動漫文化卻占領中國青年的心。

有感動，才有市場

這兩年來，我和中國方面也有很多合作機會，知道中國飢渴地想占有世界動漫一席之地，中國政府出力輔導，拍攝數量雖驚人，但內容似曾相識，大部分還是搞複製。

目前我的公司已出版的繪本，及現在正在籌備前製作的中國歷史文化背景的腳本，主要給小朋友一個正確的價值觀，認識嶄新無價的自己，找回失落的靈魂，但繪本角色、劇情和手法完全翻新我自己創作的繪本，以聖經故事為本，這是為了回應天命，傳達神給人的生命教誨。好萊塢找到獨特《花木蘭》、《功夫熊貓》的中國元素，經過西方詮釋後，也都票房大賣。中國有優美的山水，令人讚歎的文學作品，數量龐大的傳奇故事，

為什麼不能拍出有自己特色的動畫？

我曾參與論壇，聽見中國動漫公司高階主管分享經驗，居然是把迪士尼的動畫電影拆解，鉅細靡遺分析，記錄每個橋段的秒數、發生笑點的頻率、相隔幾秒又會有梗……，就像拆解一部電腦，了解內部構造後，生產配件組合後，另創品牌推出市場。

不得不承認，這樣認真嚴謹的方法，讓我直冒冷汗。動畫是一種藝術品，每部動畫都是獨一無二的創意堆積，我們該學習的是迪士尼如何激發創意。又如何把這些創意落實，你可以分解電腦、分解手機，但不可能靠複製暢銷動畫的情節故事來搞另一部動畫。動畫大師們尋找故事裡的赤子之心、對社會的關懷、人性的光輝，還有種種愛與被愛的心情。當這個故事有了感情，就有了觀眾，這才是暢銷動畫電影的真正市場。

中國最大的動漫市場還是在電視，觀眾每天都期待看到新的內容。每一天都要搞出新東西，企業當然也不允許花太多成本製作。

在美國，《海綿寶寶》和《辛普森家族》一週才播放一次新內容，依照中國做法，就算有充裕預算，如此急就章肯定也搞不出來。中國動漫公司如果不改變想法，繼續搞個幾十年，還是很難做出像美國一般水準的動漫產品，因為這一切需要時間和人力、物力配合，外人很難了解，是經過科學精密計算後，根據統計資料而做出的創意回應。

我曾認識號稱中國最大動漫公司的老闆，彼此交換對動漫產業的想法後，他邀請我擔任他動漫總監。詳細了解他們製作動漫的流程後，我卻推辭了。他手上有部動畫電影，已經完成七〇%，這時候才發現，有很多需要改進的地方。他問我，能不能接手製作，加入一些感人的元素，提升這部動畫電影的層次。

這就是中國製作動畫與美國的最大不同。藝術、創意需要時間與金錢投注，在前端，美國會預備好研發資金，廣納想法，卻不見得落實，可是這麼摸索的過程，卻能拋光出好的作品。

中國方式是邊走邊看，看不到回收的投資，根本不願意做。給不出創意時間與空間，當然後面也就不會看到具有創意的作品出現。

好萊塢不怕跌跤，只怕沒有嘗試。可是不管台灣或者中國都怕失敗。我自己觀察，從小到大的教育裡，父母師長都要小孩子不能失敗，做什麼一定要穩穩的，考差了要被處罰，就是不允許失敗表現。

像我現在已經四十多歲了，老爸、老媽還是怕我失敗，擔心我被騙，事業不會成功，寧願我回迪士尼去。他們想要保護我不讓我失敗，卻沒想到如果依照他們的想法去走我的人生道路，也許永遠沒有失敗，可是也不會有更大的成就。

所有的成功，都是失敗累積出來的成果。

西方世界就是這樣想的，他們覺得就算失敗一次也沒有關係，下次就會成功。不敢冒險嘗試，就不可能創新。尤其是動畫創作，多麼需要創新。

有了這些接觸和了解，我開始在華人世界奔走，希望換個方向，改從華人世界推出我的動畫電影。

微光好能量

我從十三歲「含烏龜」移民美國後，十八年內都沒回過台灣。求學時，老媽嫌機票貴，不讓我回來，工作後忙碌，浸淫在熱鬧的娛樂產業中，也沒理由想起台灣，這麼一耽擱幾乎忘了自己的根。

因為人脈的聯繫，我有機會與故宮合作，製作推廣故宮文物的動畫，還有香港團隊參與，後來協助在香港規劃一個主題樂園。在偶然機會下，有記者知道我是《獅子王》幕後主角，還曾是台灣放牛班的學生，這可是鼓勵孩子的好素材，於是安排我上節目專訪，播出後反應很好。他們說，要找到畫家，還能把創作歷程與勵志內容講這麼精彩的人太少了。

嗯，人生而不平等，看來有點道理，我如今可是成龍成鳳啊……

我應該算是比較幸運的人吧，歷經了許多的坎坷路程，到頭來還可以對那些往事侃侃而談，一笑帶過。

但我二年級老師的小孩就沒有這麼幸運。爸媽希望他能考第一名，因為自己的媽媽在學校教書，小孩不能讓老媽丟臉啊！所以他拚命念書，從國小開始，每天回家就是念書，他非常厲害，從來就沒有掉到第二名過，這樣一路帶著第一名光環到國中。

高中的時候，全台中厲害的學生都集中到台中一中去了，他很努力，卻還是考了第二名，跟第一名差了半分。他不能接受這個第二名，接到成績單後，整個崩潰，精神失控，罹患了精神病，成天躲在房間裡不出門、怕見人，一直到現在都沒回復。

在他們的世界，有一個很高的標準，摔下來就非常痛；他也不接受，永遠都會有比自己厲害的人，那些外在的比較，沒完沒了。其實人外肯定是有人的，真正厲害的，會不停跨越自己，找到自己的亮點去發揮，即使只有如螢火蟲的光芒，只要努力發光就好。不是有很多人喜歡上天下海去看螢火蟲嗎？微光依然是天地間美麗的生命能量。

我的創業路走到今天，已經有了些回報，我並不擔心接下來的發展。我承諾在生命中，得認真做出熱血的事情來幫助別人的事功，更是重中之重。

我曾應邀到德州的華商年度大會演講，大會結束前，主席說商會的經費還差五千美元，請大家踴躍捐款。

有一位中國來的女企業家，捐出十條珍珠項鍊義賣，當場兩百、三百美元被買走。我太太在耳邊問我，要不要上台畫獅子王義賣。好主意！畫是可以畫，但要畫在哪裡？我靈機一動，撤出一張白色桌布，在眾目睽睽下，幾分鐘後，一隻炯炯有神、神采奕奕的獅子王就出現在大家面前。

經過幾次喊價，最後這隻獅子在如雷掌聲中，以三萬美元賣出。

我公司經理不平地說，人家缺經費，你畫畫幫忙籌款，你自己拍電影經費缺得更兇，怎麼不多畫幾隻獅子幫自己籌款啊！

這真是太聰明了！一隻獅子三萬美金，我一個月花五分鐘畫頭獅子，生活不就有著落了？我自己天天也在問：「上帝啊！你好沒有時間觀念，已經這麼久了，還不讓我把電影拍出來嗎？」

抱怨完了，我還是順服，祂是冰箱的老闆，我只是餅乾上的小螞蟻，即使現在上帝要給我全部智慧，我的腦袋也容納不了，我必須要有耐心。

老天爺為我準備的，自有其道路。

我到美國加州一個兒童團體演講，動畫主題對小朋友是致命吸引力，聚精會神的程度，連大人都要慚愧。演講結束前，我出問題給大家搶答，誰答對了，我畫一隻獅子王給他。

一說完題目，幾乎所有人都舉手，我抓了一下頭，最後獅子王跟一個小女孩走

了。主持人問我，你為什麼選那個小女孩？我是純憑感覺，有啥不對嗎？主持人雙眼含淚說，對極了，小女生罹患血癌，今天剛做完化療，你的獅子王真是最佳禮物。

聽了這一段，以我的性情，不流淚是騙人的。

獅子王孰輕孰重，不由俗世眼光來判斷。

人生就像一座花園

回首四十幾年的人生，商周集團執行長王文靜小姐曾問我，如果不是因緣際會去美國，我留在台灣會做什麼？

這真是叫人不敢面對的設想，沒有凱斯老師貴人識貨，撫平我青春期的騷動，循循善誘；沒有神不斷試煉引導，我自己跌跌撞撞不放棄，很可能台灣會多一個不快樂的房屋仲介員，或是我爸媽眼中不成才的麵包師。

因為每天我都會問自己，做這件事情的初衷是什麼？今天看到那個人很討厭，為什麼？合作的時候快樂嗎？你為什麼要跟這個人合作呢？因為很多錢？還是這個合作可以帶來更有意義的東西？

我用這些問題反覆地問自己：我到底是誰？往內挖掘自己，不停地想要探測自己能飛多高？實力在哪裡？不是跟別人競爭，而是一次次地超越自己，再試試看，能不能讓創作更好一些，更往前進一些。藝術的精進是沒有盡頭的，每次創作，我都想試試看，還可以如何突破？

最後，慢慢地就會釐清自己，把那個不正常的自己引導回來。

因為常常對自己吹起正向的風，所以我變成一艘不用外在的風就會動的帆船。只要確立自己的定位，不偏離航道，終究會到達目的地。

我常常感覺，創作跟人生一樣，都是不停的摸索、前進，慢慢找到自己的方向。沒有個人風格，只是臨摹的作品，沒有任何價值；只是為別人而活，沒有自我想法的人，最後，也會喪失自己的價值。

對我來說，我畫畫不是跟別人競爭。我只是一個探險家，在探索一座叫劉大偉的高山，看看裡面還有多少才華沒被發掘出來，存有多少財寶未被開發。我知道劉大偉裡面一定有黃金、鑽石，因為常常我很努力往內在去挖掘時，就會蹦出很多讓自己驚訝的東西來。

以前別人問我，除了畫畫之外喜歡作什麼？我會說我喜歡當農夫，因為栽種蔬果，只要細心照料，短時間就會有一座熱鬧的花園。我的前半輩子感覺起來像是很努力的種花，園子裡開了各樣

的花朵，看起來熱鬧非常，但總覺得了些什麼？

原來是少了大樹，因為花朵的生長，只需要短時間就可以看到成果，我的前半輩子努力為了讓別人不失望，為了讓別人以我為榮。現在人生進入下半場，我會做些改變，會開始栽種樹苗。

樹苗需要細心的照料，而且短時間也不會有成果出現，當我閉上眼睛那一刻，大樹也許尚未成蔭，但相信有朝一日會綠樹成蔭，眾多的人會在樹下乘涼，享受著芬多精幸福的氛圍。更神奇的是，集結眾多的綠樹，那將會是一大片的森林，供養眾生萬物，那片森林是我的夢想，給下一代無限的可能！

2008年，《夢中的巨葉》故事變成音樂劇碼，為學校跟孩子們演出。

夢中的巨葉　火魚　喬丹的訪客　國王的盛宴

這些是我成立的Kendu動畫公司所出版的畫冊。

我環遊世界到處演講，談論創意、動畫跟品牌，也在全球連結了很多對Kendu動畫有興趣的人。創作故事對我來說最吸引人的地方，就是能碰觸到家庭與小朋友的心。

在從事了四十年的教學後，我的凱斯老師已經退休了，現在回到了她的家鄉希臘，仍然在等候我第一部動畫電影《夢中的巨葉》誕生。

謝幕以後

在美國有一回我去私立學校家長會演講，台下總共有八百人，學生坐在一邊，家長坐在另一邊。我在台上分享我的成長故事，介紹我的成長背景，在台灣長大，一直到十三歲才跟隨著父母移民來美國。小時候我的成績一直墊底，連普通都談不上，不管我多努力認真，都無法達到父母的要求與期望。

我媽媽也要我彈鋼琴，就像所有經濟能力還可以的家長要求小孩子學琴一樣，讀書和彈鋼琴都是我的弱點。我發現我不是很認真讀書的蜜蜂（台灣以前用蜜蜂來比喻辛勤讀書的小朋友），我也不是會發出悅耳聲音的蟋蟀，我什麼都不是。

一直到我來到美國，我發現我會畫畫，而且畫畫為我贏得很多的大獎，我可以不用再那麼自卑，懷疑自己的學習能力。我的學業成績和鋼琴的成就並不影響我的人生，我的才華是在藝術。當我有一張紙，有一隻筆，我就可以完全投入在畫畫的世界中，可以讓那張畫紙產生光亮。因為這樣，所以我自喻為螢火蟲，開心的做螢火蟲，也說著我後來進入米老鼠大家族，開心的畫畫，做著我最喜歡的事情，當一隻螢火蟲到處給別人亮光。

你也是發光的螢火蟲

當我演講結束，照慣例會留在會場，和學生或家長合影，還有為我的手繪動漫書簽名。當一切都結束，我正準備離去的時候，有個媽媽眼睛還掛著淚珠，跑過來

緊緊的抱住我，謝謝我今天來這邊演講。她很激動的說，我的演講內容改變了她和兒子之間緊張的關係。她說她有三個小孩，老二是個男生，名叫布來恩，哥哥和妹妹成績都是頂尖，但布萊恩成績不好，及格邊緣，比較起來就很自卑。但布來恩很喜歡畫畫，而且畫的很好，她一直憂心著布來恩的自卑心態要怎麼解決，怎麼讓布來恩有快樂的童年？

今天她聽到我的故事，演講結束後馬上衝到布來恩的教室，雖然他還在上課，但媽媽還是跑進去，緊緊的抱住她的兒子，對他說：「布來恩，媽媽好愛你，你是媽媽最棒的螢火蟲。」

那一刻，我停止了所有的動作，一直困擾我的問題，不就是這樣嗎？用幾座奧斯卡獎可以換取找回布來恩的自信，讓媽媽真實看到布來恩在家庭的價值，對於布來恩而言，生命中有了新發現、新意義，他的故事將會被流傳。今天還會有多少個布來恩的故事在我的故鄉台灣？他們沒被發現，只是因為缺少了創意開發的機會。在美國，我被潛能開發的諸多因子所環繞，如果我回到台灣，開始建設那些潛能開發的環境，這樣許許多多的布來恩就有機會發現他們的才華，成為發光的螢火蟲。

我在中國的時候，有人稱我為華人之光，只是為什麼都得去國外闖蕩後才會發光發亮？在自己的社會裡應該存在更耀眼的光芒，只是沒有合適的園地。

我們整個社會的主流價值，才是決定這一切的根本。以前我畫畫，不是被媽媽阻止，就是被老師處罰。當美國老師因為我的畫而稱讚我時，我內心受到無比震撼。原來我也有我的才華，「talent」一個英文單字，奠定了我往後的動畫生命。

每個小孩都有無限可能，請千萬、千萬用正面方式鼓勵他，你用心找出孩子生命裡的鑽石，他就會想盡辦法琢磨自己，發出閃亮耀人，超過八心八箭的光芒，幸運與才華，在任何小孩身上都有，只要我們不再把鑽石當成玻璃珠。

我是劉大偉，回首來時路，那些顛簸崎嶇都成為人生精彩的一部分，感謝台灣這片土地，讓我有著豐富的童年記憶，更讓我在國外闖蕩幾十年後有機會回來分享我的人生經驗。希望藉由我的成長故事能讓大家得到正面的啟發，謝謝代為聯絡的胡慧馨小姐和《商業周刊》，給我機會出這本書。我要感謝我的爸爸媽媽，我真的好愛好愛您們，雖然有些看法我們差距頗大，還有感謝我親愛的太太Joan這一路來的相伴與扶持，以及我的女兒，我愛妳們。

我的動漫人生下半場才剛開始，相信會更精彩刺激，大家一起加油！

別把鑽石當玻璃珠——劉大偉的動畫獅子心

作者	劉大偉 口述 鄭心媚 執筆
商周集團執行長	郭奕伶
視覺顧問	陳栩椿
出版部總編輯	余幸娟
編輯總監	羅惠萍
責任編輯	羅惠馨
封面繪圖	劉大偉
內頁設計排版	小題大作
出版發行	城邦文化事業股份有限公司-商業周刊
地址	104台北市中山區民生東路二段141號4樓 電話：(02) 2505-6789 傳真：(02) 2503-6399
讀者服務專線	(02) 2510-8888
商周集團網站服務信箱	mailbox@bwnet.com.tw
劃撥帳號	50003033
戶名	英屬蓋曼群島商家庭傳媒股份有限公司城邦分公司
網站	www.businessweekly.com.tw
製版印刷	中原造像股份有限公司
總經銷	高見文化行銷股份有限公司 電話：0800-055365
初版1刷	2013年（民102年）7月
初版12.5刷	2023年（民112年）10月
定價	360元
ISBN	978-986-6032-33-2

本書所有插畫、圖片、照片，均由作者劉大偉提供。

國家圖書館出版品預行編目資料

別把鑽石當玻璃珠：劉大偉的動畫獅子心 /
劉大偉口述；鄭心媚執筆. -- 初版. --
臺北市：城邦商業周刊, 民102.07
面； 公分
ISBN 978-986-6032-33-2 (平裝)
1.劉大偉 2.臺灣傳記 3.動畫
783.3886 102011945

紅沙龍

Try not to become a man of success but rather to become a man of value.
～Albert Einstein (1879 - 1955)

毋須做成功之士，寧做有價值的人。—— 科學家　亞伯．愛因斯坦